임시정부를 걷다
대한민국을 걷다

임정 풍찬노숙을 닮은,
어머니 70년 삶에
이 책을 드립니다.

일러두기

1. 인명, 도시는 중국어 독음에 따라 표기하고 기타 도로명, 기관 등은 훈음으로 표기하는 것을 원칙으로 한다. 단, 황푸강 등 사전에 오른 전문용어는 예외다.

2. 사진 오른쪽 하단 QR코드를 스캔하면 해당 위치의 지도로 이동하여 주소 및 사진 등 더 많은 정보를 이용할 수 있다.

3. 각 장 시작 페이지의 QR코드를 스캔하면, 대한민국임시정부 100주년 기념 YTN 특집 다큐멘터리 '다시 걷는 독립대장정'을 볼 수 있다.

임시정부를
걷다

문 학 교 사 의 임 정 답 사 기

김태빈 지음

대한민국을
걷다

이승만부터
김원봉까지

2022년 3월 1일 '국립대한민국임시정부기념관'을 개관했다. 실로 근 80년 만에 역사적인 비원을 풀게 된 것이다. 이는 누가 뭐래도 문재인 대통령의 용단과 고 박원순 서울시장의 숨은 협조가 아니었으면 이루어지기 어려운 사업이었다. 동시에 당시 야당의 적극적인 동의와 협조로 이루어진 역사적 기념물임을 분명하게 밝혀 둔다.

　임시정부기념관을 건립하면서 당시 건립위원들의 일치된 의견은 '1919년 수립된 대한민국임시정부는 망명정부가 아니라 세계역사상 드문 사례인 국내외 한민족이 합의하여 수립된 임시정부'라는 개념 정립이었다. 국내에선 지하에서 세워진 한성임시정부, 극동 러시아에 망명한 애국지사들이 세운 국민의회정부, 그리고 3·1 독립선언의 정신을 이어받아 상하이에 세워진 임시정부 등등 해외에 있는 모든 항일독립운동 세력들의 뜻을 모으고 통합하여 대한민국임시정부를 수립한 것이다.

　이렇게 자주독립을 염원하는 민족 총의에 의해 수립된 정부이기 때문에 중국의 동북지대와 극동 러시아에서 벌어진 무장독립투쟁에 나섰던 선열들은 물론 파리, 워싱턴, 하와이 등 외교 전선에서 투쟁했던 모든 선열들이 스스로 자신들의 투쟁이 임시정부에 소속하여 이루어진 독립전쟁임을 인정하였다.

대한민국임시정부는 모든 독립투쟁의 중심이고, 사령부였다. 그러므로 헌법 전문에 우리 대한민국은 대한민국임시정부의 법통을 계승한다고 명시한 것은 너무나 당연한 정의定義이다. 이러한 역사적인 통합의 정신이 있으므로 대한민국은 한반도의 유일한 합법 정부의 근거가 되는 것이다.

이런 통합의 임정 정신을 확실하게 기념관에 재현하기 위해 우리 건립위원들은 처음부터 '이승만부터 김원봉까지' 모든 역사를 담는다는 정신으로 작업을 시작하였다. 이는 시대적, 이념적, 세대적, 지역적 가치와 이견을 뛰어넘어 오로지 대한민국의 자주독립 통합정신에 용해한다는 뜻에서 출발하였다.

김태빈 선생이 6년여 시간을 들여 쓴 『임시정부를 걷다 대한민국을 걷다』이 책도 이런 임시정부의 통합 정신을 계승하여 완성했다는 사실은 두말할 여지가 없다. 이 저서에 따른 중국 내 임시정부의 장구한 투쟁은 국민통합의 시작이었다는 사실을 강조하려고 한다. 이 저서는 1932년 윤봉길 의사의 의거 이후 상하이에서 충칭까지 27년간의 역사를 자세히 기술하였다. 앞으로 이런 논리를 더 발전시켜 1919년부터 전 세계 우리 동포들이 임시정부를 따라 싸운 독립투쟁의 역사가 2편, 3편으로 발전되어 출간되기를 기대하면서, 적극적으로 추천하는 바이다.

전 국립대한민국임시정부기념관 건립위원회 위원장

이종찬

차례

차례

1

프롤로그

마지막 임정 청사, 경교장

대한민국임시정부 답사는 마땅히 서울에서 시작해야 한다. 마지막 청사가 서울에 있기 때문이다. 경교장, 이곳은 해방 후 임정 주석 백범 김구의 거처였을 뿐만 아니라, 임정 요인 환국 후 첫 국무위원회 회의가 열린 곳이다.

경교장은 일제강점기 금광개발로 갑부가 된 최창학의 별장으로, 원래 이름은 죽첨장竹添莊이었다. 이곳이 위치한 충정로 일대의 당시 지명이 죽첨정竹添町이었기 때문이다. 1884년 갑신정변 당시 일본 공사였던 다케조에 신이치로竹添進一郎의 성을 딴 지명이다.

임정 청사가 일본식 명칭일 순 없겠기에 백범은 이곳 이름을 경교장京橋莊으로 바꾼다. 인근 서대문 밖에 경교京橋라는 오래된 다리가 있었기 때문이다. 백범이 경교장에 거처하면서 임정 요인이 이곳에 모였고, 경교장은 자연스레 임정 청사로서 기능한다.

그러나 우리에게 경교장은 백범의 암살 장소로만 기억된다. 1949년 6월 26일, 이날은 일요일이었다. 차가 없어 교회에 가지 못한 백범은 붓글씨를 쓰며 손님을 맞는다. 포병 소위 안두희도 그중 한 명이었다. 백범의 비서 선우진은 안두희를 2층으로 안내하고 점심 식사를 재촉하기 위해 지하 주방으로 내려갔다. 그리고 이어진 네 발의 총성.

한평생 조국 독립의 최전선에 섰던 백범은 두 차례 총격을 받았다. 그런데 두 번 모두 동포 청년이 쏜 총탄이었다. 중국 창사長沙에서는 겨우 목숨을 건졌지만 해방된 조국에서는 유명을 달리했다. 분노에 앞서 깊은 슬픔에 잠기게 되는 선생의 운명이다.

안두희의 이후 행적은 분노와 무기력, 공분과 정의가 뒤섞인 혼란스러운 것이었다. 그는 종신형을 선고받고 복역하지만, 한국전쟁 발발 이틀 후 석방

임시정부를 걷다 대한민국을 걷다

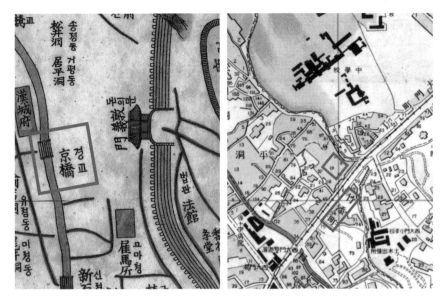

● 왼쪽은 1901년 제작된 「漢城府地圖한성부지도」이고, 오른쪽은 1927년 조선총독부가 만든 「京城市街圖경성시가도」다. 「한성부지도」에 '京橋경교'가, 「경성시가도」에 '竹添町죽첨정'이 확인된다. 빨간 네모가 경교장의 위치다.

된다. 육군 정보국 문관으로 군에 복귀한 그는 예편 후 군납공장 사장이 된다. 왜곡된 역사와 부패한 정권은 그를 이토록 비호했다.

하지만 시민들은 달랐다. 4·19혁명 직후 백범살해진상규명투쟁위원회 간사인 김용희 선생이 사건 전말을 녹취해 공개한 것으로 응징이 시작된다. 5·16 군사 쿠데타로 진상조사가 지지부진해지자 곽태영 선생이, 1987년에는 어린 시절 『백범일지』를 읽고 크게 감동했다던 권중희 선생이 '정의봉'으로 안두희의 죄를 물었다. 결국 안두희는 1996년 박기서 선생에 의해 처단된다.

그러나 경교장이 비극의 공간만은 아니다. 환국 후 백범은 이곳에서 무엇을 했던가? 임시정부의 문지기가 되겠다는 결심으로 상하이로 떠난 후 27년간 임정을 지켜왔던 신념과 의지 못지않게, 아니 더한 간절함과 안타까움으로 선생이 한 일은 두 가지다. 신탁통치 반대. 단독정부 반대.

● 안중근 의사 순국 109주년 추모식에 참석한 박기서 선생(오른쪽 두 번째)

정경모 선생의 『찢겨진 산하』에는 세상을 떠나 하늘에서 만난 백범과 몽양, 그리고 장준하 선생이 가상의 대화를 나누는 장면이 나온다. 설정 자체도 흥미롭지만 가장 눈길을 끄는 건 신탁통치를 반대했던 백범의 안타까운 회고다. 직접적이고 명료한 민족 감정의 발로였던 반탁이 결과적으로 반민족 세력을 도운 꼴이 되었다는 탄식이다.

백범은 36년간 식민 지배를 받다 해방을 맞은 보통 사람의 감각으로 신탁통치에 반대했을 것이다. 그래서 백범은 반탁을 '제2의 독립운동'이라 했다. 백범의 선택은, 지금의 시각에서는 편협하고 아쉬움이 있을지언정, 당시 대다수 한국민의 감정이었을 것이다. 이유와 방법을 떠나 또다시 외세의 지배를 받을 순 없다는 당연한 생각 말이다.

그러나 당시는 한반도의 운명을 한국민이 결정할 수 없는 때였다. UN 소

임시정부를 걷다 대한민국을 걷다

● 남산 백범광장 동상, 친일파 김경승의 작품이다.

총회에서 38선 이남만의 단독 선거가 가능하다는 결의가 이뤄지자 백범은 「삼천만 동포에게 읍고함」을 통해 또다시 목숨을 건 투쟁을 선포한다. '통일된 조국을 건설하려다가 삼팔선을 베고 쓰러질지언정 일신에 구차한 안일을 취하여 단독정부를 세우는 데는 협력하지 아니하겠다.'

백범은 말과 글에 그치지 않았다. 남북회담을 제안하고 회담을 위해 표연히 38선을 넘는다. 이때 백범은 38선 이북의 백연 김두봉에게 편지를 썼다. 그는 충칭 시절 좌우합작을 위해 함께 노력했던 동지이자, 더 멀리는 상하이 임정 시절 아내의 한글 묘비명을 써준 벗이기도 했다. '우리가 우리의 몸을 반쪽으로 나눌지언정 허리가 끊어진 조국이야 어찌 차마 더 보겠습니까.'

당시 정국은 백범의 뜻과는 달리 전개됐다. 한반도 남북에 진주한 미군과 소련군이, 두 세력을 업고 권력을 잡으려는 남북의 권력자가, 그들에게 빌붙어 친일의 딱지를 떼려는 반민족 세력이 모두 백범과 대결했다. 백범은 이러한 상황을 '독립의 일'을 이루지 못한 것으로 판단했다.

그러나 백절불굴의 백범은 한탄만 하고 있지 않았다. 외세의 간섭을 배격하고, 이념 갈등으로 분단된 조국을 거부한 백범은 자신의 꿈을 적는다. 일찍이 의열단 무장투쟁을 격려하며 단재 신채호가 그린 '이상적 조선', 즉 사람은 사람을 압박하지 않고 사회는 다른 사회를 수탈하지 않는 이상사회에 대한 비전을 백범은 이렇게 오마주했다.

나는 우리나라가 세계에서 가장 아름다운 나라가 되기를 원한다. 가장 부강한 나라가 되기를 원하는 것은 아니다. 내가 남의 침략에 가슴이 아팠으니, 내 나라가 남을 침략하는 것을 원치 아니한다. 우리의 부력富力은 우리의 생활을 풍족히 할 만하고, 우리의 강력强力은 남의 침략을 막을 만하면 족하다. 오직 한없이 가지고 싶은 것은 높은 문화의 힘이다.

백범을 비롯한 임정 요인 당신들은 준비한 일을 마치지 못한 채 해방을 맞은 것이 안타깝고 아쉬울 수 있었겠다. 그래서 개인 자격으로 환국하는 걸음걸음이 무거웠을 수도 있었겠다. 환국 후 자신들 정치력의 한계에 자괴감도 느꼈으리라. 하지만 나는 임정 요인의 환국과 해방 정국에서의 활동을, 할 일을 다한 자의 당당함으로 규정하고 싶다. 경교장은 그 당당함과 처연함을 고스란히 간직한 공간이다.

백범은 책을 선물할 때 서명을 대신해 한시를 즐겨 썼다. 이회영 선생의 며느리 조계진 여사에게 증정한 『백범일지』에도 그래서 절구 한 편이 적혀

있다. 조선 후기 문인 김양연의 시다. 평생 조국 독립에 분주했던 자신의 행적을 성찰하는 시로 나는 읽는다.

눈 덮인 들판 지나갈 때,	踏雪野中去
함부로 어지럽게 걷지 말라.	不須胡亂行
오늘 내가 디딘 발자국은,	今日我行跡
뒷사람의 이정표 될 것이니.	遂作後人程

이 책은 대한민국임시정부를 따라 걸었던 나의 어지러운 발자국이다. 백범께 송구하나 내 역량이 부족하니 어쩔 수 없는 일이다. 베이징한국국제학교 제자와 처음 걷고, 서울 한성여고 제자와 다시 걸었던, 그리고 우리 독립

운동사를 아끼는 많은 시민과 함께 걸었던 동행의 기록이다. 어지러웠으되 어리석지만은 않은 발걸음이었길 빌어 본다.

2

한국독립가정부가
법계에 재한다

상
하
이
시
기

대한민국의
탄생

＼　3·1운동으로 건립된 대한민국임시정부

나는 대한민국 국민이다. 나를 규정하는 강력한 준거 중 하나가 '대한민국'
이다. 대한민국은 언제 어디서 탄생한 걸까? 가장 확실한 대답은 대한민국
통치 체제에 관한 근본 법규인 헌법에 있다. 헌법 전문前文에 대한민국은 명
확히 규정돼 있다.

　1987년 아홉 번째로 개정돼 지금에 이르는 대한민국헌법 전문은 '대한국
민은 3·1운동으로 건립된 대한민국임시정부의 법통과 불의에 항거한 4·19
민주 이념을 계승하고'로 시작한다. 1948년 7월 17일 공포된 제헌헌법 또한
'대한국민은 기미 삼일운동으로 대한민국을 건립하여 세계에 선포한 위대한
독립정신을 계승하여'를 첫머리로 한다.

　현재의 대한민국이 대한민국임시정부의 법통을 계승한다면 대한민국은

● '官報관보' 아래 '第一號제1호' '大韓民國三0年대한민국30년'이 또렷하다.

1919년에 탄생했다. 그래서 국토를 회복하고 정부를 다시 세운 1948년에 발행된 '대한민국 관보 1호'는 그 해를 '대한민국 30년'으로 표기했다. 1948년이 대한민국 30년이면 대한민국 원년은 1919년이다.

헌법 전문은 또한 대한민국임시정부가 3·1운동으로 건립되었다고 분명히 밝히고 있다. 3·1운동과 대한민국임시정부는 직접적 인과관계에 있다는 것이다. 그럼 3·1운동은 어떻게 기획되었을까?

나는 3·1운동이 어떻게 전개되었는지 묻지 않고 어떻게 기획되었는지 물었다. 우리가 중고등학교 한국사 시간에 배운 것처럼, 당시 미국 대통령 윌슨의 민족자결주의 선언이 단초가 됐다. 이는 1918년 11월 제1차 세계대전 종전을 위한 파리강화회의에서 발표된다.

상하이의 몽양 여운형이 첫 시위를 당겼다. 파리강화회의에 중국을 참여

임시정부를 걷다 대한민국을 걷다

시키기 위해 상하이를 방문한 윌슨의 특사 찰스 크레인의 연설회에 몽양은 참석한다. 몽양은 훗날 그의 연설 내용을 이렇게 요약했다.

> 각국의 국제 문제 해결에 대해서는 미국 대통령 윌슨이 14개 조의 주의를 제창하였는데, 그중에서는 피압박민족의 해방을 강조하고 있으므로 약소 민족으로서는 해방을 도모하기에 절호의 기회이므로 중국도 대표를 파견하여 피압박 상황을 잘 알려서 여러 나라로부터의 해방에 노력해야 한다.

크레인과의 개인 면담까지 성사시킨 몽양은 즉각 준비에 들어간다. 이때 급히 창당한 것이 'New Korea Youth Party', '신한청년당'이다. 정당은 정부가 없는 당시 상황에서 국제적으로 대표성을 인정받을 수 있는 최선의 선택이었다. 몽양은 우사 김규식을 파리로 파견한다. 3·1운동 한 달 전인 1919년 2월 1일이다. 일본으로 간 장덕수는 유학생을 통해 3·1운동의 기폭제가 된 2·8독립선언을 촉발시킨다. 몽양 자신은 당시 가장 많은 한인과 독립지사가 모여 있던 블라디보스토크로 향했다.

한 개인과 일곱 명이 전부인 일개 정당이 전 민족적 거사를 기획했다는 사실이 믿기지 않을 수 있다. 그러나 당시 일제의 판단은 분명했다. 3·1운동이 일어난 그해 12월 일본 정부는 몽양을 일본으로 초대한다. 그를 회유하거나 변절시키면 조선의 독립운동 전체를 와해시킬 수 있으리라 판단한 것이다. 그러나 당시 일본 하라 내각이 오히려 몽양의 일본 방문으로 무너진다.

일본 제국호텔에서 '한국의 독립운동은 세계의 대세'라며 사자후를 토한 몽양은 당시 일본 군국주의의 화신이라고 할 육군 대신 다나카 기이치와도 대담한다. 그는 3년 후 상하이에서 의열단 단원에게 총탄 세례를 받게 되지

● 대한민국임시정부 수립 100주년인 2019년은 2·8독립선언 100주년이기도 했다. 기념식이 열렸던 도쿄 재일본한국 YMCA 회관이다.

만, 이때 이미 몽양에게 말의 비수를 받는다.

> 연전에 '화일스타'(타이타닉의 오기 : 저자)란 배가 대서양에서 물 위에 100분
> 의 9밖에 아니 나온 빙산 더미를 적다고 없이 보고 물속에 든 10배 이상
> 의 큰 더미가 묻힌 것을 생각지 않고 돌진하다가 빙산에 부딪혀서 배 전
> 체가 침몰되고 말았다. 조선인이 부르짖는 독립운동 만세는 물 위에 나
> 온 소부분의 빙산이다. 멸시할 수 없는 것이다. 멸시하면 세계 인류의 정
> 의에 부딪혀 일본이 망할 것이다.

↘ 대한민국은 민주공화국이다

국내에서 예상을 훨씬 뛰어넘는 저항이 이어지자 이를 조직적으로 규합할 수 있는 정부 수립의 필요성이 제기된다. 러시아 연해주의 대한국민의회가 가장 앞섰고, 상하이임시정부, 국내의 한성임시정부가 차례로 수립된다. 그러다 1919년 9월 상하이에서 통합 임시정부로 출범하기에 이른다. 상하이 임정 수립 당시 여운형 선생의 회고다.

> 우리 의원 일동은 동년 4월 10일경 (…) 이동녕을 의장으로 추대하여 협의한 후 먼저 의회를 창설하여 대한민국 임시의정원臨時議政院이라 이름 붙여 대한민국임시정부를 조직하고 외무부, 내무부, 재무부를 설치했는데, 외무부 위원장에 나, (…) 내무부 위원장에 조완구, 재무부 위원장에 김철을 뽑고 동시에 임시헌장을 제정했다.

이들은 두 가지 중요한 결정을 했다. 정체政體는 민주공화제로, 국호는 '대한민국'으로 확정한 것이다. 대한민국헌법 제1장 제1조 1항 '대한민국은 민주공화국이다.'는 이때 처음 기초가 잡혔다. 회의는 자정을 넘겨 11일에야 끝났고 정부 수립을 공포한 건 이틀 후인 13일이다.

국호로 '대한민국'을 주장한 이는 신석우 선생이었다고 한다. 그러자 여운형 선생은 '대한제국'으로 나라가 망했으니 '대한'이란 국호는 적절치 않다고 반대한다. 이에 신석우 선생이 '대한으로 나라를 빼앗긴 것일 뿐, 국호를 되찾는 것이 나라를 회복하는 길'이라고 재차 주장해 국호가 정해졌다고 한다.

우리는 오랫동안 4월 13일을 대한민국임시정부수립기념일로 기념해 오다 임정 수립 100주년을 맞은 2019년부터 4월 11일로 기념일을 바꿨다. 임시정부가 중국에서 활동했을 때는 물론이거니와 환국 후 창덕궁 인정전에서 열

● 왼쪽 표지판에 瑞金二路^{서금2로}가 확인된다.

린 임정 수립 27, 28주년 기념식을 모두 4월 11일에 거행했기 때문이다.

　대한민국이 탄생한 상하이 당시 김신부로^{金神父路}는 현재 서금2로^{瑞金二路}로 이름이 바뀌었다. 상하이의 지명과 도로명은 중국 근현대사의 격동과 함께 수차례 바뀌었다. 그래서일까. 1919년 4월 10일 회의가 열렸던 2층집 주소를 아직도 확인하지 못하고 있다. 대한민국이 탄생한 곳을 정확히 모르는 것이다. 이곳을 답사할 때마다 오래된 가로수와 도로 표지판만을 찍을 수밖에 없는 연유다.

　이곳은 상하이 마지막 청사이자 현재 보존 공개되고 있는 마랑로^{馬浪路} 청사와 1km 남짓 떨어져 있다. 이곳에서 마랑로 청사로 가는 길에 우리가 꼭 기억해야 할 장소가 있다. 남북으로 이어진 서금2로와 동서로 교차하는 남창로^{南昌路}의 100농 5호, 임시정부 수립 전부터 상하이에서 독립운동 터전을 닦았던 신규식 선생의 거처다.

　신규식 선생을 이야기할 때면 선생의 호 예관^{睨觀}이 먼저 언급된다. '흘겨보다'를 호로 삼은 곡진한 사연 때문이다. 선생은 1905년 을사늑약을 당하자 음독 자결을 시도한다. 가족들이 빨리 발견해 생명을 구할 수 있었지만, 오른쪽 시신경에 문제가 생겨 평생 시각장애를 갖게 된다. 신규식 선생은 이를 비관하기는커녕 나라가 망했는데 어찌 세상을 바로 볼 수 있겠느냐며 '예관'이라 자호한다.

　단재 신채호와 함께 '산동삼재'로 불리던 선생은 당시 개화한 젊은이의 일반적 선택과 달리 관립한어학교에 입학해 중국어를 배운다. 그리고 다시 무관학교에 입교해 문무를 갖춘 인재로 성장한다. 나라를 되찾기 위해서는 강력한 무장투쟁이 필요하다고 역설했던 선생의 독립운동 방략은 이런 배경에서 나온 것이다.

　이후 상하이로 망명한 선생은 중국의 반제국주의 투쟁에 동참하며 독립운동의 터전을 마련한다. 선생의 거주지 바로 건너편은 중국 신문화운동과 5·4운동에 지대한 영향을 미친 『신청년^{新靑年}』 발행처다. 이 잡지 간행을 주도했던 천두슈^{陳獨秀}가 이곳에 거주했기 때문이다.

　'중국의 레닌' 천두슈는 중국공산당 첫 번째 중앙위원장을 역임한 당대 중국의 대표적인 진보 지식인이었다. 두 사람은 마주 보이는 방에 살면서 매우 친하게 지냈다고 한다. 중국 5·4운동의 지도자이기도 했던 천두슈는 3·1운동이 일어난 직후 발표한 「조선 독립운동의 감상」에서 조선 민중에 경의를 표하기도 했다.

> 이번 조선 독립운동은 위대하고, 성실하고, 비장하고, 명료·정확한 관념을 지니고 있고, 민의를 쓰되 무력을 쓰지 않고, 세계혁명사의 신기원을

연 것이다. 우리는 이에 대해서 찬미, 애상, 흥분, 희망, 참괴 등등의 감
상을 갖게 된다.

선생은 세 번 자결을 시도해 두 번은 살아나고 세 번째 자결로 순국한다.
첫 번째는 앞서 소개한 대로 을사늑약 직후다. 그리고 1907년 대한제국 군대
가 해산될 때 두 번째 자결을 시도하지만 다시 목숨을 잇는다. 선생의 마지
막 자결은 25일간의 단식이었다. 유언은 "정부! 정부!"였다.

선생의 조국 사랑은 가족에게로 이어진다. 임정 충칭 시절 백범의 비서 격
인 판공실장을 맡은 민필호 선생이 예관의 사위다. 그는 충칭에서 해방을 맞

● 대전 현충원 김준엽 선생 묘소

앉을 때 환국하지 않고 그곳에 남아 임정주화대표단 부단장으로 임정의 잔무 처리와 임정 요인 가족의 귀국을 책임진 독립지사다.

민필호 선생의 사위는 일본군 학병에서 탈출해 충칭 임정 청사를 찾아 '장정長征'했던, 그래서 한국광복군의 일원으로 항일투쟁에 나섰던 김준엽 선생이다. 선생은 해방 직후 국내정진군으로 선발돼 조국 땅을 최초로 밟은 광복군이기도 했다.

군부독재 시절 계엄령 당시 고려대 정문으로 탱크가 진입하려 하자 당시 총장이던 김준엽 선생이 교문 바닥에 누워 학문의 전당이 군홧발에 짓이겨지는 걸 막았다는 '전설'을 나는 대학 시절 막걸리 잔을 기울이며 선배로부터 수도 없이 들었다. 선생의 용기가 어찌 한순간의 치기였겠는가. 장인어른과 그 장인의 장인의 삶에 부끄럽지 않겠다는 다짐이지 않았겠는가.

새 하늘 새 땅의
임시정부

＼ 나는 거지 중의 상거지였다

상하이를 상징하는 와이탄이나 푸동의 야경 못지않게 관광객으로 붐비는 곳
이 있다. 프랑스 조계지였던 신텐디新天地다. 유럽 거리를 방불한 이곳은 세
련된 카페와 기념품 가게로 유명하다. 그런데 이곳의 후미진 곳에, 관광지와
는 거리가 먼 허름한 옛 건물에도 늘 사람이 붐빈다. 대부분이 한국인이라는
게 카페거리와 차이라면 차이다.

　역사 답사가 아니더라도 상하이를 방문한 한국인 여행자가 꼭 방문하는
곳, 마랑로 청사다. 이곳에선 한국인 대부분이 옷깃을 여미고 숙연해진다. 그
애국심에는 유감이 없다. 그러나 많이 바뀌었다 해도 여전히 많은 이들은 이
곳을 상하이의 유일한 임정 청사라고, 혹은 대한민국임시정부의 유일한 청
사라고 지레짐작한다. 그 무심함이 아쉬울 뿐이다.

● 신텐디

    마랑로 청사는 1926년부터 1932년까지 상하이에서 가장 오래, 가장 안정
적으로 운영된 청사다. 하지만 상하이에서만도 유일한 청사는 아니다. 김신
부로에서 결성된 대한민국임시정부는 최소 12번 이전 끝에 마랑로 청사에
정착한다. 그리고 1932년 윤봉길 의사의 홍구공원 의거 직후 상하이를 떠나
8여 년의 피난기를 거쳐 1940년 충칭에 안착한다.

    12번을 옮겼다면 최소 13곳에 임정 청사가 있었다는 이야기가 된다. 마랑
로 청사를 제외하고 주소가 확인되는 곳은 없을까? 문서로 확인이 되는 가
장 이른 시기의 청사 주소는 하비로霞飛路 460호다. 일제의 정보자료에 '하비
로 460호에 소위 대한임시정부라는 기관을 설치하였다.'는 내용이 있다.

    하비로는 1915년에 바뀐 도로명인데, 이후 여러 번의 개칭을 거쳐 현재 회
해중로淮海中路로 불린다. 하비로에는 초기 임정 청사 주소지 두 곳이 더 확인

○ 상하이
마랑로 청사

된다. 309호와 321호다. 이때 임시정부는 그 규모도 상당하고 또 공개적으로 활동했다. 321호 청사는 백암 박은식의 『한국독립운동지혈사』에 사진이 수록돼 있는데 태극기가 휘날리는 2층 건물이다. 이곳에 일본인 기자가 방문했다는 기사가 『독립신문』에 보인다.

한국독립가정부 韓國獨立假政府가 법계 法界에 재在한다는 말은 문 聞하였으나, 일차도 왕견 往見한 사事 무無하다. 여하한 건물로 여하한 형편인지 부지하고 위험한 곳이라는 소문만 들었다. 그러나 생각에 조선독립당을 흉도악한의 집합체는 아닐지라 하고 왕방하였다.

임시정부를 걷다 대한민국을 걷다

일본인 기자는 임정 청사의 규모에 꽤 놀랐던 것 같다. 건물이 의외로 컸고 정원에는 온실 화원까지 갖추었기 때문이다. 청사의 문을 지키는 인도인 수위까지 있었다니 '임시' 정부라고는 하지만 꽤 번듯했던 듯하다.

하지만 초기 몇 개월을 제외하고 상하이 시절 임정은 대체로 힘겨웠다. 필리핀으로 이전하자는 논의도 있었고, 청사 월세를 못 내 고발당하기도 했다. 당시 재무총장을 맡았던 성재 이시영은 동포들에게 급전을 부탁하고, 넉넉할 리 없는 동포들이 가불을 해 집세를 마련해 주기도 했다.

나는 답사 때마다 마랑로 청사 이전의 임정 청사를 찾으려 노력했다. 하지만 100년이 넘는 세월은 도로 이름만 바꾼 게 아니다. 새로운 건물이 들어서면서 이전 주소가 분할되거나 통합되는 경우도 많았다. 건물이 그대로 있더라도 당시의 지번과 일대일로 대응하는지는 확신할 수 없다.

주소를 확인하고 사진을 찍다 보면 항의하는 이들도 있었다. 하지만 사정을 설명하면 오히려 건물 역사에 대해 아는 대로 설명해 주는 상하이 시민을 더 많이 만났다. 중국 지번은 도로를 중심으로 짝수 지번과 홀수 지번이 나뉜다. 처음에는 이 사실을 몰라 308호 다음에 왜 309호가 없는지 의아했다. 지번이 사라진 게 아니라 309호는 길 건너편에 있었다.

사정이 이렇다 보니 새로운 임정 청사 주소를 확인했다는 연구자의 성급한 발표로 혼란이 가중되기도 했다. 당시 도로명을 바뀐 현재 도로명에서 확인하고 지번을 그대로 대입하는 방식에서 문제가 생긴 것이다. 그런 경우도 있지만 그렇지 않은 경우도 허다하다고, 중국학자로서 대한민국임시정부를 연구한 쑨커즈孫科志 교수가 다큐 촬영 당시 안타까움을 담아 조언했다.

쑨커즈 교수는 우연히 대한민국임시정부를 연구하게 되었다고 했다. 중국과 수교 전 한국의 모 기업이 상하이 임정 청사 복원 사업을 추진했는데, 그때 지도교수의 권유로 한국의 독립운동사를 연구했단다. 1990년대 한국에

- 국립대한민국임시정부기념관에 디지털로 복원된 321호 청사와 사진 엽서가 전시돼 있다.

서 공부할 때는 광복군 출신 김준엽 선생이 많은 도움을 주었다고 하니 대한민국임시정부와 인연이 각별하다.

쑨커즈 교수는 일제강점기 상하이 한인에 관한 연구를 진행하면서 당시의 건물 주소를 현재 위치와 비교하는 작업을 진행 중이라고 했다. 가을 햇살이 좋은 신톈디 카페에서 나눈 쑨커즈 교수와의 대담은 큰 행운이었다. 과거 많은 중국인이 중국 내 임정을 도왔듯, 지금도 적잖은 중국인이 임시정부를 비롯한 한국의 독립운동 연구에 직간접적으로 도움을 주고 있음을 확인하는 흐뭇한 시간이었다.

상하이 임정 청사 중 마랑로 청사만을 복원 공개한 이유를 이런 상황에서 이해할 수 있다. 지번에 대한 이견이 없고 당시의 건물이 그대로 보존돼 있기 때문이다. 또한 상하이 시기 임정 청사 중 가장 오랫동안 안정적으로 유지된 청사가 마랑로 청사이기도 했다.

백범은 이때 처음으로 국무령에 취임한다. 하지만 임정은 내적으로 분열

임시정부를 걷다 대한민국을 걷다

● 마랑로 청사 내 '김구집무실'을 복원한 공간이다.

하고 외적으론 확장은커녕 존립 자체도 불안한 상태였다. 이때를 백범은 이렇게 기록했다. '그림자나 짝하며 홀로 외롭게 살면서, 잠은 정청政廳에서 자고, 밥은 직업 있는 동포들 집에서 얻어먹으며 지내니, 나는 거지 중의 상거지였다.'

1923년에는 6개월 치 집세를 내지 못해 이시영 선생 집을 청사로 삼았다. 이것이 전례가 되어 여러 차례 임정 요인의 거처가 임정 청사를 겸하게 된다. 마랑로 청사도 그렇게 시작되었다.

마랑로 청사를 방문한 이들은 청사가 좁긴 해도 3층이라 제법 규모가 있다고 짐작한다. 하지만 당시 임정은 현재 전시관의 가운데 공간인 4호만을 청사로 사용했다. 이곳을 기념관으로 조성하는 과정에서 좌우의 3, 5호까지 매입해 확장한 것이다. 그러니까 넓지도 않은 전시관의 1/3만이 원래 청사였던 것이다.

그러면서 이곳을 둘러보는 한국인은 너나 할 것 없이 분통을 터트린다. 공간이 좁고 방문객은 많아 꼬리를 물 듯 밀려서 관람하는 것까지는 이해할 수 있다. 하지만 내부 촬영을 못 하게 하는 건 도무지 이해할 수 없기 때문이다. 임정 요인이 쓰던 건 아니더라도 당시 가구를 구해 전시관을 꾸민 정성이야 고맙지만, 진품도 아닌 것을 만져보는 건 고사하고 찍지도 못하게 하는 데는 기기 치는 깃이다. 이곳이 중국 땅이라 해도 대한민국의 역사 유적 아니냐는 볼멘소리가 절로 나온다.

대한민국임시정부 100주년 특집 다큐멘터리 촬영을 위해 이곳을 방문했을 때도 스파이 영화를 방불케 하는 비밀, 도둑 촬영을 해야 했다. 그래서 이때의 영상은 카메라 초점이 좋질 않다. 소형 카메라만으로 관리자 눈을 피해 촬영하다 보니 그럴 수밖에 없었다. 정식 촬영 허가를 받았다고 해 안심했더니 건물 외관 촬영만 허가해 주었단다.

＼　그대들의 해방운동을 도와 드리고 싶습니다

상하이 임정 청사 위치를 설명하면서 여러 번 프랑스 조계를 언급했다. 조계란 무엇일까? 1920년대 상하이에서 임정과 함께 중요한 역할을 했던 의열단의 황포탄의거, 즉 다나카 기이치 처단 사건을 통해 알아보자. 백범이 아내의 임종을 지키지 못한 가슴 아픈 사연 또한 조계와 관련이 있다.

조계란 한 나라가 다른 나라에 일시적으로 빌려준 영토 일부를 말한다. 하지만 실제로는 제국주의 국가가 아시아, 아프리카 국가의 영토를 강제로 점유한 경우가 대부분이다. 조선이 외국과 맺은 최초의 근대 조약이자 불평등 조약인 강화도조약에도 인천을 개항하고 그곳에 일본 조계를 설치한다는 조

● 왼편의 석조건물군이 번드다.

항이 있다.

　황포탄의거는 1922년 황포탄, 그러니까 상하이 황푸강의 서안, 지금은 번드Bund라 불리는 곳에서 다나카 기이치를 처단하려던 의열단의 거사다. 다나카 기이치는 당시 일본 육군 대장으로 필리핀을 거쳐 상하이에 도착한다. 조선과 아시아 침략의 원흉인 이자를 의열단은 그냥 보낼 수 없었다.

　세 명의 의열단원이 거사에 나섰다. 제1선 오성륜, 제2선 김익상, 제3선 이종암. 김익상 의사는 1년 전 조선 경성 외성대 조선총독부 건물에 투탄한 후 유유히 빠져나온 인물이었다. 일제는 남산 전체를 포위했지만 어떤 단서도 발견하지 못하다 황포탄의거 때 체포된 김익상 의사로부터 뜻밖의 진술을 듣게 된다. 그래서 김익상 의사가 체포되었을 당시의 『동아일보』 기사 제목이 '總督府총독부 爆彈犯폭탄범은 上海상해의 爆彈犯폭탄범 金益相김익상'이었다.

1922년 3월 28일 오후 3시, 다나카가 하선하자 제1선 오성륜은 권총 세 발을 발사하지만 빗나간다. 김익상은 오성륜에게 "잘못 쏘았다!"라고 외치며 다시 다나카를 쫓으며 권총을 발사한다. 이번에도 총알은 빗나가 그의 모자만을 꿰뚫었을 뿐이다. 이에 김익상 의사는 폭탄을 던지지만 불발, 작년 조선총독부를 파괴했던 폭탄과는 사용 방법이 달랐던 것을 몰랐기 때문이다.

다나카를 태운 자동차가 전속력으로 현장을 빠져나가자 이번에는 제3선의 이종암이 차를 향해 투탄한다. 그런데 폭탄은 자동차 바로 뒤에 떨어졌고 그것도 불발이었다. 바로 옆에 있던 군인이 이를 강물에 차 넣어 버림으로써 다나카 처단은 실패한다.

이종암은 입고 있던 옷을 벗고 인파에 묻힘으로써 추격을 피했다. 김익상과 오성륜은 필사적으로 그곳을 탈출하려고 했다. 왜냐하면 의거 장소는 공동조계로 일본 관할 지역이었기 때문이다. 두 사람은 구강로九江路를 지나 사천로四川路 방향으로 도주했다고 체포 후 공판 기록은 전한다.

오성륜은 도주 과정에서 자동차를 탈취하는데 '에드워드 칠세로'에서 다른 차와 추돌해 체포된다. '에드워드 칠세로'는 당시 애다아로愛多亞路로, 지금의 연안동로延安東路다. 이상은 김산과 님 웨일즈의 공저 『아리랑』의 기록이다. 김산은 오성륜과 절친한 사이였기에 당시 정황을 상세하게 전해 들었을 것이다.

김익상과 오성륜은 의거 장소에서 좁은 골목길을 이용해 애다아로 방향으로 도주했다. 두 사람은 왜 이쪽으로 피했을까? 이 도로가 공동조계와 프랑스 조계의 경계선이었기 때문이다. 즉 이 도로를 넘으면 일본 군경이 더 이상 뒤쫓아 올 수 없었던 것이다.

임시정부를 걷다 대한민국을 걷다

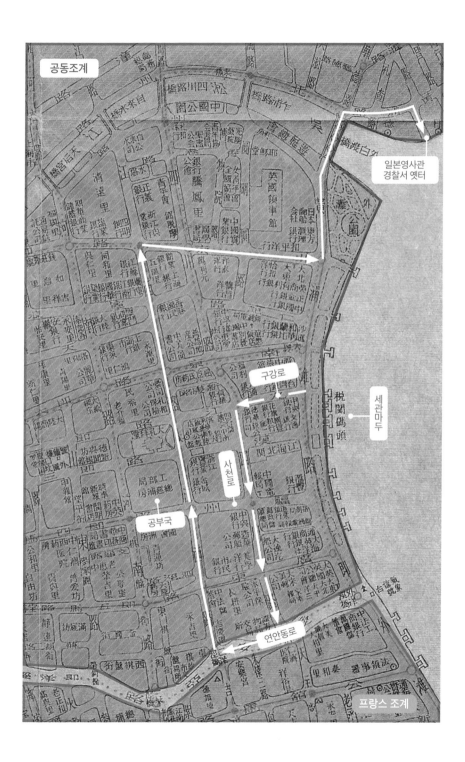

구강로

시천로

일본영사관

공부국

　황포탄의거 당시 상하이 조계는 프랑스 조계와 공동조계로 양분되었고 그
경계는 애다아로였다. 일본은 공동조계에 자리를 잡았고 그래서 다나카 기
이치는 공동조계의 황포탄 부두에 하선했다. 반면 대한민국임시정부는 조선
의 독립운동에 비교적 동정적이던 프랑스 조계에 위치했다. 그래서 김익상
과 오성륜도 필사적으로 이쪽으로 피하려 했던 것이다.

　두 사람이 구금, 이감된 공간도 조계와 관련이 있다. 체포된 직후 김익상
과 오성륜이 끌려간 곳은 공동조계 공부국이다. 공부국工部局은 일종의 경찰
서로 일본을 포함해 영국, 미국이 공동으로 통제하는 공동조계의 치안 기관

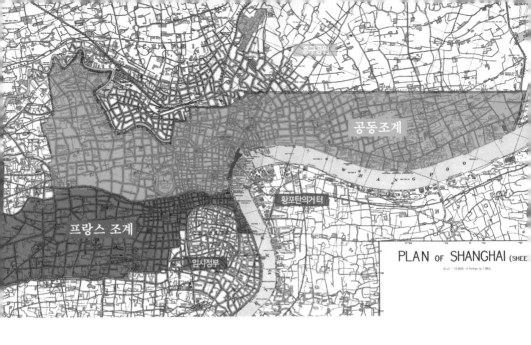

이었다. 이곳에서 사건 당일 하루를 보낸 두 사람은 다음날 일본영사관 경찰서로 이감된다. 이와 관련된 기록이 해방 후 『천변풍경』의 작가 박태원이 약산 김원봉의 구술을 기록한 『약산과 의열단』에 보인다.

> 그들은, 그길로, 공동조계共同租界 공부국으로 끌려가, 총포방總捕房에서 하룻밤을 지냈다. 그리고 이튿날 오전 열시, 주호駐滬 일본영사관 경찰서로 인도되었다.

'주호駐滬'의 '滬호'는 상하이 동북쪽을 이르는 글자로, 이는 '주상하이' 정도의 뜻이다. 당시 지도를 보면 일본영사관 경찰서는 '관서官署'로 표시돼 있다. 이는 관청과 부속기관을 이르는 용어로 영사'관'과 경찰'서'가 함께 있었음을 유추할 수 있다.

나가사키로 이감되기 전 한 영국 청년이 김익상 의사를 면회한다. 오성륜이 쏜 총알에 희생된 여성의 남편이었다. 그들 부부는 '동방의 파리'로 불리던 상하이에 신혼여행을 왔다 횡액을 당한 것이다. 그런데 신부를 잃은 영국 신사는 조선 혁명가 김익상의 손을 잡고 이렇게 말했다고 한다.

> 사랑하는 아내를 잃고, 나는 불행합니다. 그러나, 결코, 그대들을 원망하고 있지는 않습니다. 나는 그대들을 존경합니다. 나는 아내의 죽음으로, 그대들을 영원히 기념하려 합니다. 앞으로 내게 기회가 있고, 또, 내 힘이 자란다면, 나는 그대들의 해방운동을 도와 드리고 싶습니다.

조계와 관련해 백범과 아내 최준례 여사와의 안타까운 사연도 있다 했다. 최준례 여사는 둘째 아들을 낳은 직후 폐결핵에 걸린다. 다행히 전문병원에서 치료받을 순 있었지만, 남편의 병문안을 받진 못했다. 조선 독립운동가라면 언제라도 체포될 수 있는 공동조계에 병원이 있었기 때문이다. 최준례 여사의 임종 장면은 정정화 여사의 『장강일기』에 남았다.

> 최 여사는 이미 낯빛이 하얗고, 얼굴에 핏기라곤 하나 없이 탈진한 상태로 누워 있었다. 말도 하지를 못했다. 기력이 이미 다한 것이다. 그러나 정신만은 똑똑해서 우리를 알아보았다. 나는 최 여사의 손을 꼬옥 잡았다. "선생님께 오시라고 할까요?" 최 여사는 힘없이 고개를 저었다.

＼ 아직도 그 일이 제 가슴 속에서 쟁쟁합니다

마랑로 임정 청사 인근에는 열 곳이 넘는 우리 독립운동사 유적이 있다. 임

● 永慶坊^{영경방}이라는 돌편액이 확인된다.

정 청사만 둘러보고 발길을 돌리는 이들이 안타까워 나는 주변 지도를 상세하게 그려 책에 수록한 적이 있다. 다 살필 수 없으니 두 곳만 소개한다.

백범의 거처 영경방 10호는 원래 김의한 정정화 부부의 집이었다. 대한제국 고관 중 유일하게 중국으로 망명해 임정 고문을 지낸 동농 김가진 선생의 아들이 김의한이다. 며느리 정정화 여사는 이후 임정 여정에 자주 등장할 분으로 '한국의 잔 다르크'라고 불린 임정의 안살림꾼이었다.

이곳의 현재 주소는 황피남로^{黃陂南路} 350농 일대로 상하이를 찾는 여행객이 많이 찾는 신텐디 한복판이다. 지금은 상하이 고유의 석고문 양식으로 된 근사한 카페와 화려한 상점이 즐비하지만, 백범이 거주할 당시 이곳은 하층민 거주지였다.

백범은 임정이 수립된 1919년 마흔넷의 나이에 상하이로 망명해 임정과 고난을 함께했다. 그런데 망명 전이라고 다르지 않았다. 몇 번의 옥살이로 백범은 평범한 가정생활을 할 겨를이 없었다. 그런데 1920년 아내가 첫째 아들 인과 함께, 그리고 2년 후에는 어머니 곽낙원 여사가 상하이로 건너오면서 모처럼 단란한 가정생활을 누릴 수 있었다. 1922년에는 둘째 아들 신까지 태어나 온 가족이 모여 살았다. 김구 선생은 이때를 '재미있는 가정'이라고 썼다.

그러나 대단치 않은 행복도 오래가지 못했다. 1924년 1월 백범의 부인이 세상을 떠났기 때문이다. 당시 백범은 비석 하나 세울 형편도 못 됐다. 그러자 동포들이 십시일반하고, 동지이자 한글학자인 백연 김두봉이 비문을 짓는다. 그때 사진이 전해지는데, 설명은 1924년 2월 18일 자 『동아일보』 기사로 대신한다.

이 빗돌 위에 잇는 늙은 부인은 그의 싀어머니 곽씨(66)요, 모자 쓴 남자는 그 남편 김구(49)씨요, 오른편에 있는 아해는 큰 아들 김인(5)이요, 왼편에 잇는 아해는 그 둘째 아들 김신(2)이다. 늙은 싀모, 어린 자손, 더욱 뜻을 이루지 못하고 표랑하는 남편을 두고 죽을 때에 그 부인의 눈이 엇지 참아 감기엇스랴! 쓸쓸한 타향에 가족을 두고 외로히 누은 그에게 이 빗돌만이 쓸쓸한 회포를 더욱 도울 뿐이다.

임시정부를 걷다 대한민국을 걷다

그런데 비문을 어떻게 읽어야 할까? 'ㄹㄴㄴㄴ해ㄷ달ㅊㅈ날 남', '대한민국ㅂ해ㄱ달ㄱ날 죽음'은 고인의 생몰연대인 것 같다. 김두봉 선생은 한글학자답게 아라비아 숫자 대신 한글 자음 순서를 숫자로 활용했다. 그러니까 '대한민국ㅂ해'는 '대한민국 6년' 1924년이고, 'ㄱ달ㄱ날'은 '1월 1일'이다. 같은 원리로 'ㄹㄴㄴㄴ해ㄷ달ㅊㅈ날'을 아라비아숫자로 변환하면 '4222년 3월 19일'이다. '4222년'은 단기檀紀인데, 이는 서기 1889년으로 최 여사가 태어난 해다.

정확한 주소까지 확정할 순 없지만, 새롭게 조성된 이곳 초입에는 '永慶坊영경방' 돌편액이 확인된다. 그리고 영경방 10호로 추정되는 곳에는 'Va bene'라는 레스토랑이 들어섰다. 동농과 백범 가족의 열악한 주거 환경은 도무지 상상할 수 없는 세련된 공간이다.

나는 다큐 촬영 때 이곳 테라스에서의 촬영을 제안했고 다행히 허락을 받았다. 파스타를 먹으며 동농 김가진, 수당 정정화, 백범 김구, 최준례 여사 이야기를 하려니 마음이 영 불편했다. 음식 맛도 거의 느끼질 못했다. OK! 정도의 의미라는 레스토랑 상호의 경쾌함도 마냥 흔쾌하지만은 않았다.

그래도 나는 강연과 답사 때마다 이곳을 소개한다. 상하이 마랑로 청사를 답사하거든 이곳에서 답사 일행과 식사를 하면 좋겠다고 권한다. 그렇게라도 초기 임정 요인의 삶을 간접 경험할 기회가 있었으면 해서다. 화려한 실내와는 달리 테라스로 나가면 세월이 느껴지는 건물 외부도 볼 수 있다.

나머지 한 곳은 인성학교다. 나는 여러 차례 이곳 주소를 확인하려 했지만 실패했다. 다큐 촬영 때도 장소를 특정할 수 없어 인근에서 간단히 설명하는 것으로 답사를 대신해야 했다. 그러나 인성학교 사연에는 애틋함과 자랑스러움, 그리고 감사함이 거듭 느껴진다. 공간은 없지만 공감하기에 부족하지 않다.

　　우리 선열들은 나라를 잃고 타국에 임시정부를 세웠을 때도 교육에 소홀
하지 않았다. 그 어려운 때도 동포 아이들을 위해 학교를 세웠다. 인성학교
운동회가 열리면 상하이 조선인은 모두 모여 명절을 쇠듯했다 하니, 인성학
교가 단순한 교육기관이 아니라 동포사회의 구심점이었음을 짐작할 수 있다.

　　초대 교장은 여운형 선생이었고 임정 요인이 돌아가며 교장과 교사 역할
을 맡았다. 가보지 못한 아쉬움은 눈물겹지만 자랑스러운 이야기로 달랜다.
백범과 함께 임정 경무국에서 활동했던 최중호 선생의 딸 최윤신 여사의 추
억이다.

　　인성학교에 다니던 어린 시절 최윤신 여사는 졸업식이 다가오는데 입고

● 인성학교 졸업장으로 왼쪽 끝에 '仁成小學校長인성소학교장 呂運亨여운형'이 보인다.

갈 새 옷이 없었단다. 그래서 떼쓰며 울고 있었는데 마침 김구 선생이 왔다. 자초지종을 알게 된 백범은 이튿날 적잖은 돈을 건네면서 옷 한 벌 해 입히라고 한다. 여사의 어머니가 깜짝 놀라 물었다. "선생님, 또 어디 가서 뭘 저당 잡히셨어요?" '그땐 돈 없으면 여름에 겨울 것을, 겨울엔 여름 것을 저당해야 돈이 쉽게' 마련되었기 때문이다. 최윤신 여사의 가슴 먹먹한 회고다.

선생님께선 웃으시면서 "글쎄, 그건 묻지 말고……. 그 어린 것이 자기 딴엔 졸업식인데……. 어서 옷 해 입혀 졸업식에 보내세요." 하시더라고요. 어린 맘에 그게 어찌나 기뻤던지, 제가 지금 여든이 넘었는데 아직도 그 일이 제 가슴 속에서 쟁쟁합니다.

조선을 위하여
용감한 투사가
되어라

＼　　천하 영웅 윤봉길

상하이 임정 시기, 가장 중요한 사건은 무엇일까? 타국에서 임시정부를 세
우고 이를 십 년 넘게 유지했으니 그것만으로도 충분하긴 하다. 그래도 굳이
꼽자면 많은 이들이 윤봉길 의사 의거를 떠올릴 것이다. 홍구공원 의거는 우
리 독립운동 흐름 전체를 바꾼 사건이기 때문이다.

　1931년 9월 일제는 만주를 침략하고 다음 해 3월 괴뢰국 만주국을 세운다.
본격적인 중국 침략이 시작된 것이다. 이런 상황에서 대한민국임시정부 산
하 한국애국단 소속 이봉창 의사가 일왕 거처 사쿠라다몬에 투탄해 일본 제
국주의에 경종을 울린다. 이 의거는 중국 신문의 표현대로 '不幸不中^{불행부중}',
안타깝게도 일왕 처단에는 성공하지 못했다.

　일제는 1932년 1월 상하이를 침공한다. 여기에는 만주국에 쏠리는 열강의

● 사진 중앙의 문이 사쿠라다몬櫻田門이다.

관심을 돌리려는 저의도 있었다. 중국군은 일본군에 맞서 잘 싸웠지만 역부족이었고, 상하이는 일본군에 점령된다. 이에 일본 군부는 4월 29일 공동조계 홍구공원에서 전승 축하식을 계획한다. 이날은 일왕의 생일을 축하하는 천장절天長節도 겸하고 있었다.

　윤봉길 의사 의거로 당시 상하이 파견군 대장 시라카와 요시노리가 부상 후유증으로 사망한다. 그는 일본 육군의 신으로 불린 인물로 일본 외무성 자료는 그의 죽음을 전사戰死로 기록했다. 이는 시라카와를 영웅시하려는 혐의가 짙다. 하지만 동시에 일본 군부가 받은 충격이 어느 정도였는지를 보여주기도 한다. 윤 의사 의거는 그만큼 엄청난 사건이었다.

　백범과 매헌은 언제 처음 만났을까? 고향에서 야학을 열고 농민운동에 힘쓰던 윤 의사가 중국 칭다오로 망명한 건 1930년이다. 일 년 후 윤봉길 의사는 상하이로 와 한인애국단을 이끌던 백범을 만난다. 백범을 두 번째 만났던 1932년 4월 20일, 윤 의사는 자신의 포부를 김구 선생에게 밝힌다. 채소 바구니를 메고 다니지만 큰 뜻을 품고 상하이에 왔으니 자신에게도 '마땅히 죽을 자리'를 달라는 것이었다. 몇 달 전 있었던 이봉창 의사 의거를 염두에 둔 말이었다.

윤봉길 의사는 4월 26일, 마랑로 임정 청사의 남서쪽 영년로永年路의 모처에서 한인애국단에 입단한다. 이곳은 한인애국단의 비밀본부로 20여 년 전 하얼빈에서 조선 침략의 원흉 이토 히로부미를 처단한 안중근 의사의 친동생 안공근의 집이었다. 100여 일 전 이곳에서 선서를 하고 의거에 나섰던 이봉창 의사에 이어, 윤봉길 의사 또한 안중근 의사가 열어젖힌 항일투쟁에 기꺼이 나선 것이다.

4월 27일 윤봉길 의사는 여성 독립운동가 이화림과 부부로 가장해 홍구공원을 답사한다. 그날 저녁 윤 의사는 임정 청사와 안공근의 집 중간 패륵로貝勒路의 한 여관에서 사진 촬영을 한다. 가슴에 선언문을 붙이고 권총과 수류탄을 들고 태극기를 배경으로 찍은 사진, 그리고 백범과 함께 찍은 사진은 잘 알려져 있다. 처연한 백범과 의연한 매헌 표정의 대조가 가슴을 친다.

다음날인 4월 28일 정오 무렵 윤 의사는 백범의 요청으로 이력서를 작성한다. 그런데 가족 사항을 기록하는 부분에 '家族가족'이라고 적지 않고 '遺族유족'이라 쓴다. 이미 자신은 세상을 버린 사람으로 생각하고 각오를 다진 것이다. 이때 두 자식에게 남길 시도 쓰는데 죽음을 앞둔 아비가 어린 두 아들, '강보에 싸인 두 병정'에게 남긴 작품이다.

너희도 만일 피가 흐르고 뼈가 있다면
반드시 조선을 위하여 용감한 투사가 되어라.

태극의 깃발이 높이 드날리고

나의 빈 무덤 앞에 찾아와 한 잔 술을 부어라.

그날 저녁 윤 의사는 동포 김해산의 집에서 물통형과 도시락형 폭탄 두 개를 건네받고 사용법도 숙지한다. 그리고 1932년 4월 29일 오전 6시, 같은 집에서 백범과 마지막 식사를 한다. 『백범일지』는 이 장면을 이렇게 전한다. '윤 군과 식탁을 같이하여 아침밥을 먹었다. 윤 군의 기색을 살피니 태연자약한 모습이었다.'

지금부터는 상상력이 필요하다. 기록이 상세하지 않기 때문이다. 『도왜실

● 왼쪽이 윤봉길 의사, 오른쪽이 김구 선생의 시계다. 윤 의사 시계는 김구 선생의 아들 김신 소장이고, 백범 시계는 윤봉길 의사의 손자 윤주웅 소장이다.

기』와 『백범일지』의 기록을 바탕으로 하고, 김해산의 집과 홍구공원의 위치 등을 고려해 두 분이 헤어진 과정을 재구성해 본다. 왜냐하면 한국인이라면 누구나 알고 있는 이야기의 실제 현장에는 어떤 표지석도 없기 때문이다.

김해산의 집을 나온 두 분은 북쪽으로 걷는다. 그리고 곧 동서로 길게 뻗은 큰 도로와 만나는 삼거리에 도착한다. 마침 오전 7시를 알리는 종소리가 들린다. 윤봉길 의사가 새로 산 자기 시계를 꺼내 백범에게 내민다. 시계를 바꾸자는 것이다. 윤봉길 의사는 심상하게 한마디 덧붙인다. "저는 이제 1시간밖에 더 소용없습니다."

차마 할 수 없는 일인 듯 김구 선생의 표정이 일그러진다. 하지만 이내 자신의 낡은 시계를 윤 의사에게 건넨다. 그렇게라도 그와의 마지막을 기념하고 싶었으리라. 백범은 달리 매헌에게 줄 게 없다. 그래서 세상에서 가장 슬

● 안탕로의 북쪽 끝, 회해중로와의 교차 지점이다.

프고 단호한 명령을 내린다. "자! 폭탄을 두 개 주니 한 개로는 적장을 거꾸러뜨리고 또 한 개로는 그대의 목숨을 끊으라."

백범은 "윤 군, 군과 나는 지하에서 다시 만나세."라며 눈물을 삼킨다. 앞서 윤봉길 의사는 "바라옵건대 선생님께서는 나라를 위하여 몸을 삼가시고 끝까지 분투하십시오."라고 인사를 건넨 터였다. 차에 오른 매헌이 백범을 향해 머리 숙여 인사하자, '무심한 자동차는 경적 소리를 울리며 천하 영웅 윤봉길을 싣고 홍구공원으로 질주'했다.

나는 답사 때마다 백범과 매헌 두 분의 마지막 길을 동행과 함께 걷는다. 내 상상과 재구성이 잘못됐을 수 있지만, 그렇다고 당시 백범의 아픔과 매헌의 의기를 왜곡한다고 생각지 않는다. 두 분이 시계를 바꿨다는 이야기는 누구나 알지만, 그 장소가 어디인지 누구도 궁금해하지 않아 내 가난한 상상력

　　　　　　　　　　　　　임시정부를 걷다 대한민국을 걷다

을 동원해 본 것이다.

김해산의 집은 일종의 연립주택으로 건물에 들고나는 문 외에 단지 전체 출입구가 따로 있다. 이 문을 나서면 안탕로雁荡路로, 남북으로 뻗은 도로다. 이 도로를 따라 북쪽으로 가면 5분 거리에 동서로 이어진 회해중로, 앞서 초기 임정 청사가 있었다고 소개한 길과 만난다. 이 길을 따라 동쪽으로 계속 가면 홍구공원에 닿는다. 그러니까 두 분이 헤어진 곳은 안탕로와 회해중로의 북쪽 교차점일 가능성이 높다.

백범과 매헌이 마지막 식사를 한 김해산의 집은 관광지로 개발된 마랑로 청사 인근과 달리 상하이의 옛 모습을 간직한 거리에 있다. 김해산의 집으로 추정되는 원창리元昌里 13호는 윤 의사가 마지막 식사를 하던 그때 그대로의 구조란다. 하지만 더 이상의 흔적은 없다. 그래서 손때 묻은 나무 난간을 오래 쓸어 보는 것으로 답사를 마무리하곤 한다. 윤봉길 의사가 여길 붙잡고 오르내렸을 거라는 상상을 하면서.

↘ 이상, 나라와 겨레에 바치는 뜨거운 사랑

백범과 헤어진 윤 의사는 오전 8시경 홍구공원에 도착한다. 입장권을 제시하라는 중국인 경비를 따돌리고 공원으로 들어가는 데 성공한다. 이날 남화한인청년연맹 정화암과 백정기 두 의사도 의거를 준비했는데 입장권을 구할수 없어 행사장에 들어가지도 못했다. 윤 의사는 이런 상황을 미리 예견하고 경비가 허술한 이른 아침 시간을 활용한 것이다.

이날 행사에는 1만 2천 명의 일본군과 민간인 1만 명이 모였다. 기념식은 1부 열병식과 2부 축하식으로 진행되었는데, 2부 축하식이 시작되자 비가 내리기 시작한다. 참석자들이 기미가요를 합창하며 행사는 절정으로 치달았

● 오른쪽 魯迅公園노신공원 글씨 아래 原虹口公園원홍구공원이 보인다.

고, 윤봉길 의사는 이때가 일본 제국주의를 처단할 최적의 순간이라고 판단한다.

　윤 의사는 단상 쪽으로 조금 전진한 후, 도시락형 폭탄을 땅에 내려놓고 어깨에 멘 물통형 폭탄을 던진다. 이때가 오전 11시 50분, 폭발과 함께 단상에 있던 일본 군국주의 앞잡이들이 차례로 쓰러지고 식장은 아수라장이 된다.

　전치 4주 부상을 입은 상하이 파견군 사령관 시라카와 요시노리는 약 한 달 후 부상 후유증으로 사망한다. 그의 시신 운구만을 위해 상하이로 군함을 보낼 정도로 당시 그는 일본인의 '영웅'이었다. 그래서일까. 그가 윤 의사 의거 당일 입고 있던 피 묻은 셔츠가 일본 군국주의 망령의 상징, 야스쿠니 신

● '시라카와 대장의 피에 물든 와이셔츠白川大将の血染めのワイシャツ'라는 설명이 보인다.

사 내 유슈칸遊就館에 지금도 전시돼 있다.

　나는 도쿄 답사 때 내키지 않는 마음을 누르고 이곳에 갔다. 전쟁을 기리
는 기념관을 세운 것도 기이하지만, 전시물 전체가 침략전쟁을 미화하고 과
시하는 데에는 구역질이 날 정도다. 나는 시라카와의 피 묻은 셔츠 앞에서
윤봉길 의사 의거의 의미를 오래 설명하는 것으로 불쾌한 감정을 털어 내곤
한다.

　의거 당시 중국 주재 전권공사였던 시게미쓰 마모루 역시 기억할 만한 인
물이다. 그는 윤 의사 의거 당시 부상으로 오른쪽 다리를 절단한다. 이후 그
는 세계사의 극적인 장면에 한 번 더 등장한다. 1945년 9월 2일, 미 군함 미
주리호에서 열린 항복문서 조인식 때다. 당시 그는 일본 외무대신 자격으로
항복문서에 서명했다.

홍구공원虹口公園은 이제 노신공원魯迅公園으로 이름이 바뀌었다. 중국의 대문호 루쉰의 묘가 이곳에 있기 때문이다. 공원의 이름은 바뀌었지만 이곳이 윤봉길 의사 의거 현장임은 또렷하게 기억되고 있다. 공원의 역사를 전시한 조형물에 윤 의사 관련 내용이 있고, 공원 내 표지판에는 '윤봉길기념관' 한글도 보인다.

운이 좋다면 특별한 구경도 할 수 있다. 중국 노인들은 공원에서 다양한 여가활동을 하는데, 공원 바닥을 화선지 삼아 먹물 대신 맹물로 글씨를 쓰는 분들이 있다. 노신공원을 네 번째 방문했을 때였다. 윤 의사 의거를 열심히 설명하고 있는데 한국말을 들은 한 할아버지가 능숙한 솜씨로 바닥에 한글을 썼다. '당대 영웅, 윤봉길 의사, 영원히 기념'

● 매원

＼　걷는 이가 많으면 그곳이 곧 길이 된다

무료로 입장하는 공원과 달리 윤봉길 의사 기념관 매헌梅軒이 위치한 내원梅園은 입장료를 받는다. 어떤 이들은 한국인이 찾는 이곳만 유료라고 툴툴거리지만, 애초 이곳이 상하이 시민들에 의해 조성된 곳이며, 중국인이 여전히 윤봉길 의사를 존경한다는 사실을 알면 함부로 말할 수 없다.

그런데 당시 사진과 증언을 종합해 보면 이곳은 의거 현장이 아니다. 일본이 상하이를 점령했을 시기 이곳에는 윤 의사 의거로 사망한 시라카와의 죽음을 기리는 탑이 있었다고 한다. 일제 패망 후 상하이 시민들이 그것을 없애 버렸고, 시간이 더 흘러 그 자리에 윤 의사를 기억하는 공간이 마련된 것이다.

표지석을 지나 안쪽으로 들어가면 매헌이 보인다. 처음 건립되었을 때는

● 코로나 팬데믹 직전 떠난 중국 항일 답사 때 사진이다. 가운데 오른쪽에서 다섯 번째가 이육사 선생의 따님 이옥비 여사다.

매정梅亭이라는 편액을 달았는데 우리 정부의 요청으로 2009년 이름이 바뀌었다. 여기에는 중요한 의미가 있다. 윤봉길 의사의 호가 '매헌'이기 때문이다. 윤 의사가 학업을 닦던 시기 스승으로부터 받은 이 호는 남다른 뜻이 있다.

　윤봉길 의사는 충남 예산의 덕산공립보통학교를 1년 남짓 다니다 그만둔다. 일본 사람 되라는 학교에는 가지 않겠다는 것이 이유였다. 이후 매곡梅谷 성주록 선생이 세운 오치서숙에서 공부를 하는데, 4년여를 공부하자 더 이상 가르칠 것이 없다고 생각한 스승은 계속 가르침을 달라는 제자에게 호를 지어주는 것으로 공부를 마무리한다.

　자신의 호 매곡의 '매梅'자와 성삼문의 호 매죽헌梅竹軒의 '헌軒'을 빌려온

● 기념식수 표지목, '우리는 세계 인류의 평화를 기원한다.'라는 뜻이다.

'매헌'이다. 매화로 상징되는 선비의 지절과 성삼문의 충의 정신을 본받으라
는 뜻이 담긴 호다. 중고등학교 시절 배운 시조 「수양산 바라보며」가 매죽헌
성삼문의 작품이다. 동양에서 오랫동안 충절의 상징으로 추앙돼 온 백이 숙
제를 탄식하며 자신은 더 철저한 충절의 삶을 살겠다는 다짐을 담은 시다.

의거 장소로 추정되는 곳은 루쉰 묘소 앞의 넓은 잔디광장이다. 백여 년
의 세월 동안 공원 구조가 바뀐 걸 감안해도 노신공원에서 2만 명이 넘는 인
파가 모일 수 있는 공간은 이곳이 유일하다. 그런데 나는 여기서 당혹스러운
한 가지를 발견했다. 기념식수 표지목이다.

'我们祝愿世界人类的和平', '世界人類が平和でありますように' 일본이
라고 평화를 희원할 수 없는 건 아니다. 하지만 수많은 이들에게 전쟁의 고
통을 주었던 그들이 평화 운운하려면 과거사에 대한 각고의 반성과 진솔한

사과가 선행되어야 한다. 식민지 조선 청년이 세계평화를 위협하던 일본 제국주의 수뇌를 처단한 이곳에 일본인이 평화를 기원하며 기념식수를 했다니, 입맛이 쓸 수밖에 없다.

노신공원을 답사한다면 공원 이름의 주인공, 루쉰 묘소와 기념관도 꼭 둘러보길 추천한다. 일제강점기 많은 조선인 애국지사들은 루쉰으로부터 영향을 받았다. 그가 소설 「고향」에 남긴 다음 문장은 타국에서 풍찬노숙하는 조선의 독립운동가에게 큰 힘이 되었으리라.

> 희망이란 본래 있다고도 없다고도 할 수 없다. 그것은 마치 땅 위의 길과 같다. 본래 땅 위에는 길이 없었다. 걷는 이가 많으면 그곳이 곧 길이된다.

그런 분 중의 한 사람인 이육사 선생은 상하이에서 루쉰을 만난 적이 있고 그가 세상을 떠나자 추도문을 쓰기도 했다. 노신기념관을 방문한 이옥비 여사는 기념관을 와 보고서야 루쉰 선생이 얼마나 위대하고 존경받는 작가인지 알았다고 했다. 그러면서 그런 분과 교제한 아버지가 더 자랑스럽게 생각된다는 말씀을 덧붙이셨다.

의거에 성공한 후 윤봉길 의사가 최초로 체포 구금된 곳은 공원 정문 앞에 있던 일본 해군육전대 사령부였다. 그런데 이 건물 주변 집은 일반적인 중국 가옥과 다르다. 일본풍의 집이 여전히 남아 있는 것이다. 시라카와의 집도 이 근처에 있었다는데, 그래서 상하이를 방문하는 일본인은 이곳을 많이 찾는단다.

이곳에 많았던 것이 한 가지 더 있다. 일본군 '위안소'다. 상하이 지역에서 가장 많은 '위안소'가 이곳에 있었다. 해군 사령부가 있었으니 군인이 많았

임시정부를 걷다 대한민국을 걷다

● 노신기념관 앞에는 현대 중국의 대표 조각가 우웨이산吳爲山의 루쉰 동상이 서 있다.

을 것이고, 그래서 인근에 '위안소'가 다수 설치되었을 것이다. 그러나 지금
은 거의 사라지고 없다.

　일본군의 반인륜적 범죄를 잊지 않기 위해 2016년 상하이에 평화의 소녀
상이 세워졌다. 상하이사범대학교 내에 설치된 소녀상은 중국에 건립된 첫
번째 소녀상으로, 한국과 중국 두 소녀상으로 건립돼 더 뜻이 깊다. 나는 상
하이 답사 때마다 이곳을 동선에 넣어 두고도 일정이 빠듯해 매번 가지 못했
다. 다만 상하이에 설치된 소녀상과 똑같은 소녀상이 내가 근무하는 학교 인
근에 있어 답사 때마다 학생들에게 그 의미를 설명하는 것으로 아쉬움을 달
랜다.

● 2015년 서울 지하철 4호선 한성대입구역 인근에 세워진 한중 평화의 소녀상은 이듬해 상하이사범대학교 캠퍼스에도 설치된다.

3

물 위에 뜬
임시정부

이동 시기

▶PLAY
대한민국임시정부 100주년 기념
YTN 특집 다큐멘터리 '다시 걷는 독립대장정' 2

▶PLAY
대한민국임시정부 100주년 기념
YTN 특집 다큐멘터리 '다시 걷는 독립대장정' 3

물을 마시며
근원을 생각한다

＼ 우리 민족의 대은인, 우리 대한민국의 대은인

윤봉길 의사 의거는 일본 군국주의자 몇을 처단한 사건이 아니다. 당시 중화민국 총통 장제스가 그 성과와 의미를 백만 명의 중국군 전과戰果에 비교했을 만큼 홍구공원 의거 파장은 엄청난 것이었다. 동시에 윤 의사 의거는 일제에 의해 조작된 만보산사건으로 악화된 우리와 중국 관계도 회복시켰다. 이로 인해 중화민국 차원의 지원이 시작됨으로써 중국에서의 한국 독립운동은 새로운 전기를 맞이한다.

그러나 의거 직후 한인애국단을 포함한 임시정부가 직면한 건 심각한 위험이었다. 백범을 비롯한 임정 요인 체포에 혈안이 된 일본 군경은 전례를 깨고 프랑스 조계까지 들어와 대대적인 수색과 체포를 자행했다. 이런 상황을 예상한 임정 요인과 가족은 의거 직후 상하이를 떠난다. 8년여에 걸친 임정의 '고난의 행군'이 시작된 것이다.

1932년 4월 29일 12시경 상하이, 그러니까 윤봉길 의사 의거 성공 직후부터 임정의 고난은 시작된다. 의거 당일 백범은 정정화 여사를 찾아와 몇 분의 점심 식사를 부탁한다. 흔히 있는 일이라 정 여사는 평소처럼 식사를 준비한다.

점심상이 거의 차려졌을 무렵, 그분들은 아직 몰랐겠지만 윤 의사가 의거에 성공한 직후, 이동녕, 조완구 선생이 오고 조금 늦게 김구 선생이 도착한다. 여느 때처럼 식사하던 백범이 정정화 여사에게 술 한 병과 신문을 사다 달라고 부탁한다. 백범은 평소 술을 즐기지 않았고, 더군다나 낮에 술을 찾는 게 의아했지만 정 여사는 더 묻지 않고 집 밖으로 나온다. 그런데 거리 분위기가 심상치 않았다.

호외가 돌아 내용을 살펴보니 '중국' 청년이 시라카와를 즉사시키고 여러 명을 부상시켰다는 내용이었다. 하지만 이 호외는 부정확했다. 다음날 조선에 뿌려진 호외에는 정확한 정보가 실린다. 상하이 '축하식장'에 한 청년이 돌연 폭탄을 던졌다는 내용에 '爆彈現行犯人폭탄현행범인은 朝鮮人조선인으로 判明판명'이라는 표제가 붙었다. 청년의 이름은 '尹奉吉윤봉길'이었다. 『장강일기』의 기록이다.

그때서야 백범이 왜 신문을 사오라고 했는지 짐작하고 얼른 신문을 사들고 집으로 돌아왔다. 호외를 받아든 백범은 일이 제대로 됐다고 하면서 석오장과 우천에게 술을 권했고, 세 분이 같이 축배를 들었다.

백범이 든 술잔이 어찌 축배이기만 했겠는가. 윤봉길 의사의 순국에 앞서 올린 제주祭酒이기도 했겠다. 중국 망명 직후 집으로 보낸 편지에서 윤 의사

1932-1937 임시정부
난징
전장
저우
자싱
상하이
하이옌

• 상하이를 떠난 임정 요인의 난징까지의 피난처를 표시했다.

는 이렇게 묻고 답한 적이 있다. '사람은 왜 사느냐?' '이상理想을 이루기 위해서 산다.' 그리고 그 이상은 곧 '나라와 겨레에 바치는 뜨거운 사랑'이라고 윤 의사는 덧붙였다. 이상을 이룬 윤 의사는 행복했겠으나, 백범과 임정 요인은 조국을 향한 윤봉길 의사의 사랑에 눈시울이 뜨거워졌으리라.

임정 요인은 그러나 의거 성공에 들떠 있을 수만은 없었다. 의거 다음 날 임정 요인 중 가장 연장자인 석오 이동녕과 성재 이시영이 먼저 자싱嘉興으로 피신하고, 다음날 임정 가족이 뒤따른다. 백범은 미국인 피치 박사 집에 피하는 등 체포의 위기를 넘기고 2주 후 자싱에 도착한다. 그런데 이들은 왜 상하이에서 남서쪽으로 100여 km 떨어진 자싱으로 갔을까?

추푸청褚輔成이라는 한 중국인의 도움 덕분이다. 추푸청 선생은 중국 국민당 원로이자 항일지사로, 당시에는 상하이법과대학 총장을 맡고 있었다. 자싱은 추푸청 선생의 고향인데 당시 자식들이 그곳에 살고 있었기에 피난처를 제공할 수 있었다. 하지만 이는 가족 전체의 목숨을 담보로 한 극히 위험한 일이었다. 일본군이 상하이 인근으로 점령지를 넓혀 가고 있었기 때문이다.

그래서 나는 추푸청 선생께 꼭 감사의 인사를 드리고 싶었다. 베이징한국국제학교 근무 당시 '항일투쟁의 가장 빛나는 시기'를 주제로 세자늘과 상하이-난징을 답사할 때 기회가 왔다. 자싱 시내로 들어가기 전 추푸청 선생 묘소를 찾은 것이다. 자싱 외곽에 위치한 거대한 공동묘지에서 추푸청 선생 묘소를 찾기란 쉽지 않았다. 묘지 관리인도 추푸청 선생에 대해 전혀 몰랐기 때문이다.

나는 아이들에게 '褚輔成'이라는 한자를 알려 주고, 줄지어 선 묘지를 한 명씩 맡아 일일이 확인하자고 했다. 보물찾기에 나선 것처럼 아이들은 즐겁게 임해 주었다. 그렇게 어렵게 묘소를 찾았을 때 모두 탄성이 터졌다. 우리는 함께 헌화하고 깊이 그리고 오래 고개를 숙였다. 자신도 모르는 중국인 묘에 한국 학생 수십 명이 예를 표하는 걸 보고 묘지 관리인은 의아해했지만, 그의 표정에도 자부심이 스쳤다.

샤녠성夏輦生의 소설 『선월船月』은 자싱 답사의 훌륭한 안내서다. 소설이지만 기본적 설정과 사건이 역사적 사실에 어긋나지 않기 때문이다. 기록이 없는 부분만을 작가의 상상력으로 채웠다. 그녀는 우리나라와도 남다른 인연이 있다. 큰언니의 남편, 그러니까 작가의 큰형부가 대한민국임시정부에서 활동했단다. 그런 인연으로 1980년대 말 백범의 아들 김신 선생이 자싱 지역을 방문해 추푸청 선생의 후손을 찾을 때, 자싱 지역신문사 기자였던 그녀가 안내를 맡는다.

● 추푸청 선생 흉상과 묘비석

　그녀는 『선월』에서 추푸청 선생에 대한 백범의 감사를 이렇게 전한다. "저 선생님은 저의 대은인입니다. 우리 민족의 대은인입니다. 우리 전 대한민국의 대은인입니다. 은공이 태산과 같습니다." 어찌 그렇지 않겠는가. 노동자 월급이 30원 정도이던 당시 일제가 백범에게 건 현상금이 60만 원이었다. 자신뿐만 아니라 가족 전체가 몰살될 수도 있는 위험을 각오한 것이다. 1996년 대한민국 정부는 추푸청 선생에게 건국훈장 독립장을 수여해 뒤늦게나마 감사의 마음을 전했다.

　자싱 시내의 임정 관련 유적은 매만가梅灣街에 있다. 이곳은 휴양지처럼 깨끗하게 단장돼 있다. 남호南湖라는 아름다운 호수를 끼고 있는 이곳에 백범이 머물던, 추푸청 선생의 양아들 천퉁성陳桐生의 집 매만가 76호와 이동녕 선생을 비롯한 임정 요인과 가족들이 기거했던 일휘교日暉橋 17호가 복원돼 있다.

ⓒ 차성 김구피난처

백범이 천통성의 집에 머물 때 이야기는 널리 알려져 있다. 백범은 안전을 위해 낮에는 배를 타고 남호를 떠돌고 어둑해져서야 집으로 돌아왔다. 그때 집 창문에 걸린 것으로 신호를 했다는데, 붉은 고추는 '안전', 검은 적삼은 '위험'을 의미했다고 한다.

이때 백범을 위해 위험을 감수하고 헌신한 중국인 '처녀 뱃사공'이 있다. 주아이바오朱愛寶 여사다. '오늘은 남문 호수에서 자고, 내일은 북문 강변에서 자고, 낮에는 땅 위에서 행보'하는 백범의 위태로운 시간을 함께 견딘 분이다. 그녀는 훗날 백범을 따라 난징까지 갔고, 중일전쟁으로 난징이 일제에 함락되자 헤어진다. 이때 백범은 '송별할 때 여비 100원밖에 주지 못하였던

임시정부를 걷다 대한민국을 걷다

것'을 내내 안타까워했다.

　김구피난처를 둘러볼 때 답사객들은 모두 조심스럽다. 마치 백범이 일제
에 쫓기던 때인 것처럼 말이다. 선생이 생활하던 2층 침실로 가는 계단은 좁
고 가파르다. 그러나 2층 창밖으로 보이는 남호는 확 트인 전망이다. 대부분
창문을 통해 호수에 걸친 무지개다리로 한참 시선을 보낸다. 그곳은 위급할
때마다 백범이 복잡하게 얽힌 남호로 피신했던 길이다.

　호수 쪽으로 난 창의 반대편 창문을 통해서는 건너편 방이 보인다. 이 집
의 주인인 천통성의 침실이다. 위험을 먼저 감지할 수 있는 길가 방에 자신
이 묵고, 호수로 면한 방을 김구 선생에게 내준 것이다. 위난의 상황에서 타

● 김구피난처

국의 망명객을 향한 추푸청 선생 가족의 배려가 이러했다.

　방 한쪽에는 위급한 상황에 이용했다는 비밀 통로가 있다. 덮개를 젖히면 1층으로 통하고 바로 옆에는 아래로 내려갈 때 사용했다는 사다리도 있다. 일경이나 밀정이 들이닥쳤을 때 실제로 사용했겠는가 하는 의구심이 들지만, 누구도 그런 입바른 소리를 하지 않는다.

　답사객의 다음 동선은 당시 배를 복원한 물가로 이어진다. 작은 집을 얹은 듯한 전통적인 중국 남부 배야 대단한 볼거리는 아니지만, 그곳을 쉽게 떠나지 못한다. 목숨을 걸고 선생을 돌보았던 한 젊은 여인의 뜨거운 마음이 어떠했을까, 작고 초라한 배가 당시 두 분의 운명을 싣고 얼마나 심하게 요동

임시정부를 걷다 대한민국을 걷다

● 표지석은 '김구피난처'지만, 벽 표지판에는 '韓國臨時政府要員住址한국임시정부요원
주지'라고 쓰여 있다.

쳤을까, 다들 각자의 깜냥으로 상념에 잠긴다.

　김구피난처를 나와 5분 정도 걸으면 임정 요인 피난처에 닿는다. 이곳 1층
은 전시실로, 2층은 임정 요인 거처로 복원돼 있다. 백범 어머니인 곽낙원 여
사와 둘째 아들 김신의 방, 김의한 정정화 부부와 아들 김자동의 방, 이동녕
선생 가족이 거처하던 방, 그리고 자싱 피난처를 마련하는 데 동분서주한 엄
항섭 선생 가족의 방이 복원돼 있다.

　1층에는 식사를 준비하고 함께 먹었을 부엌과 식당이 있다. 나는 답사 때
마다 식탁 의자에 가만히 앉아 본다. 집기가 당시 것일 리 없지만, 임정 요인
과 가족의 생활을 느끼기에 부족하지 않다. 일상을 사는 우리는 종종 일탈을

꿈꾸지만, 당시 그분들의 하루하루는 극단의 일탈, 절체절명의 순간이었다. 그런 중에도 이곳에서 끼니를 나누는 식구食口로서의 소소한 기쁨만은 누리셨으리라 짐작해 보는 것이다.

전시실에서 가장 눈에 띄는 건 자싱 시절 사진을 등신대 크기로 만든 것이다. 여성과 아이들은 앞쪽에 앉고 남자들은 뒤쪽에 섰다. 그런데 오른쪽과 왼쪽 끝에 선 이는 임정 요인이 아니다. 추푸청 선생의 맏아들 추평장褚鳳章과 양아들 천퉁성이 백범을 비롯한 임정 요인과 가족을 호위하듯 서 있다.

백문이 불여일견이라는 말은 이런 때 하는 말인가 보다. 피난 초기 임정 요인의 상황과 중국인 조력자에 대해 혼란스러워하던 다큐 촬영 때의 제자들은 이 한 장의 사진에서 많은 것을 읽어 내는 것 같았다. 나는 기념사진을 찍어 주면서 '良心建國양심건국'이 백범의 휘호임을 부연했을 뿐이다.

나는 자싱을 네 번 답사했다. 그런데 그중 세 차례 비가 왔으니 맑게 갠 남호를 본 적이 없다. 극적으로 상하이를 탈출해 피난 생활을 시작한 임시정부의 미래처럼 자싱은 늘 흐릿한 느낌이었다. 다큐멘터리 촬영 때도 예외는 아니었다. 이런 느낌을 시청자에게 전달하기 위해 백범 거처에서 멀리 보이던 무지개다리 쪽에서 피난처를 촬영하고, 드론 촬영을 통해 남호의 복잡한 수로를 보여 주자고 제안했다.

한참을 헤맨 후에야 무지개다리에 닿을 수 있었다. 위기의 순간 백범은 급히 배를 몰아 이 다리를 지나 저 갈래갈래 얽힌 수로로 나갔겠구나, 며칠 만에 이 다리 밑을 통과할 때는 마음 졸이며 피난처에 걸린 표식을 확인했겠구나, 생각은 실타래처럼 얽혔다. 드론을 통해 본 남호는 예상보다 훨씬 넓고 복잡했다. 왜 주아이바오와 백범이 남호로 피신했는지 짐작이 가고도 남았다.

나는 자싱 답사 때마다 조심스럽게 김구피난처 방문객 수를 확인한다. 시

● 임정 요인의 자싱 시절 사진

간이 갈수록 방문객이 줄어 최근에는 한 달에 열 명도 채우지 못한단다. 이런 상황이 이어지면 이곳의 상시 개방도 어려울 수 있다. 중국 본토에서 한국인이 가장 많이 찾는 곳은 상하이다. 상하이와 자싱은 서울과 춘천 정도의 거리고, 자싱도 춘천만큼이나 호수가 많고 아름다운 도시라는 귀띔을 해둔다.

진실의 반대는 망각

자싱 답사는 하이옌海鹽으로 이어져 남북호南北湖 인근의 재청별서載靑別墅에 닿는다. 이곳은 추펑장 선생의 부인 주자루이朱佳蕊 여사 고향이다. 자싱까지 일제의 수색과 탐문이 미치자 추펑장은 백범의 피난처를 옮긴다. 주자루이

여사 집안의 제청祭廳이었던 이곳은 외진 곳이라 피난처로 안성맞춤이었다. 그런데 이때 백범의 안전을 위해 출산한 지 얼마 되지 않은 부인을 동행시킨다. 임정 요인 피난처에 전시된 등신대 사진의 맨 오른쪽에 앉은 이가 주자루이 여사다.

종일 걸려 친정에 도착한 주씨 부인은 다시 산길을 걸어 남북호가 내려다보이는 재청별서까지 백범을 수행한다. 훗날 백범은 이 헌신적인 모습을 『백범일지』에 기록했다. 대한민국임시정부를 따라 걷는 우리가, 대한민국 국민인 우리가 할 일은 백범의 말처럼 기억하는 일이겠다. 왜냐하면 진실의 반대는 거짓이 아니라 때로는 망각이기 때문이다.

나는 우리 일행이 이렇게 산을 넘어가는 모습을 활동사진기로 생생하게

임시정부를 걷다 대한민국을 걷다

담아 영구 기념품으로 제작하여 만대 자손에게 전해 줄 마음이 간절하였
다. 그러나 활동사진기가 없는 당시 형편에서 어찌할 수 있으랴. 우리 국
가가 독립이 된다면, 우리 자손이나 동포 누가 저 부인의 용감성과 친절
을 흠모하고 존경치 않으리오. 활동사진은 찍어 두지 못하나 문자로나
마 기록하여 후세에 전하고자 이 글을 쓴다.

베이징한국국제학교 제자들과 이곳을 처음 찾았을 때 답사가 원활치 않았
다. 재청별서까지 외부 차량 통행이 금지돼 반처班车라 불리는 비공식 유료
셔틀버스를 타고서야 인근까지 가고 또 한참을 걸어 재청별서에 도착했다.

이후 답사 때도 사정은 별반 나아지지 않았다. 그러나 백범의 고행을 생각할
수 있는 기꺼운 불편함이었다.

　재청별서 가는 길은, 이곳에서 숨어 지내야 했던 백범에게 송구할 정도로
아름다웠다. 봄, 가을, 겨울, 이곳을 답사할 때마다 산등성이를 타고 오르는
호수 바람은 더없이 시원했고, 가로수를 대신한 긴 대숲은 언제나 청량한 녹
음이었다. 호수가 내려다보이는 언덕에 자리한 백범 피난처는 그래서 근사
한 별장이라고 해도 믿을 만했다. 이런 느낌은 『선월』의 묘사 때문인지도 모
른다.

　　산 중턱 비탈진 언덕에 있는 재청별서는 돌 기단 위에 한 길 너머 높이로
　　세워진 다섯 칸짜리 단층집인데, 산을 향해 문을 내고 호수를 내려다보

　　　　　　　　　　　　　　　임시정부를 걷다 대한민국을 걷다

● 음수사원 기념비

게 창이 나 있어 호수의 풍광과 산의 경치가 한눈에 들어온다. 거기에다 넓고 탁 트인 정원에는 온갖 꽃과 나무가 무성하고 집안의 흰 담벽과 검은 기둥이 시골집의 소박하고 단아한 장식과 어울려 더욱 돋보였다.

현재 재청별서에서는 호수가 조망되지 않는다. 뜰과 담 너머 숲이 우거졌기 때문이다. 그러나 아쉬움은 안내하는 분의 설명으로 곧 기대감으로 변했다. 재청별서 인근 별장에 가면 산 아래 남북호를 볼 수 있단다. 한 문인의 기념관 2층에서 본 남북호는 백범이 보았을 때처럼 아름다웠다.

그러나 남북호의 수려함이나 재청별서 가는 길의 호젓함보다 우리가 꼭 챙겨야 할 게 있다. 재청별서 뒤뜰의 '飮水思源음수사원' 기념비, 백범의 둘째 아들 김신 선생의 필적이다. '물을 마시며 근원을 생각한다.' '64년 전 아버님

께서 피난한 곳을 방문'한 기념으로 이 글을 남긴 김신 선생의 심정을 살피는 것이 우리의 마땅한 도리겠다.

＼ 항저우 임정 청사, 국가급 항전 시설

이제 답사는 항저우로 이어진다. 상하이와 항저우의 중간지점인 자싱에 백범을 비롯한 임정 요인이 피난하던 때, 일강 김철을 비롯한 일부 임정 요인은 항저우에서 임시정부 사무를 계속한다.

항저우를 여행하는 한국인 대부분은 항저우의 상징, 서호西湖에서 유람선을 타고, 밤에는 그곳을 배경으로 펼쳐지는 「인상서호印象西湖」 공연을 관람한다. 그런데 서호에서 백여 미터 떨어진 곳에 대한민국임시정부 청사가 있다는 사실을 알고 방문한 이가 얼마나 될까? 우리의 무지, 무관심과 달리 항저우 호변촌湖邊村 임정 청사는 중국 내 대한민국임시정부 관련 유적 중 유일하게 성급 유적지이자 '국가급 항전 시설 및 유적지'로 지정돼 있다.

1932년 5월 항저우에 임정 임시사무소를 연 이는 일강 김철이다. 김철 선생은 전남 함평 출신으로 일본에서 유학하다 중국 상하이로 망명해 임정 요인으로 활약했다. 그래서 선생의 고향인 함평의 일강김철선생기념관은 상하이 마랑로 청사 모양을 본떠 지었다.

그런데 이곳에 가면 매우 곤혹스러운 이야기를 접하게 된다. 기념관 뒤에 서 있는 단심송에 관한 사연이다. 김철 선생은 상하이에서 부인에게 편지를 보냈단다. "나는 조국 독립을 위해 기꺼이 이 한 몸 조국에 바쳤으니 더 이상 찾지도 기다리지도 말고, 부인께서는 앞날을 알아서 처신하시오." 이후 일제의 감시는 날로 심해졌고 부인은 김철 선생이 '가족 걱정 없이 오로지 독립운동에 전념'할 수 있도록 자결을 했다는 것이다.

임시정부를 걷다 대한민국을 걷다

김철 선생도, 부인 김정자 여사도 모두 자신의 신념에 따라 행동했으리라. 여사의 순절이 전통적 관념에 따른 것이었다 해도, 현재의 우리에겐 매우 불편하다. 두 분의 선택에 동의할 수 없는 이들도 많으리라. 그러나 한 가지만은 기억하자. 망국 시기 조국 독립에 헌신한다 함은 이런 정도의 참혹함도 감내해야 했다는 사실 말이다.

항저우 임정 시기 이시영 선생도 안타까운 일을 겪었다. 형님인 이회영 선생의 순국 소식이 전해진 것이다. 당신과 동지들이 세운 신흥무관학교가 있는 만주가 항일의 터전에서 일본의 괴뢰 만주국의 영토가 돼 버린 1932년, 조선과 중국 두 항일 연합 세력을 지도하기 위해 다롄大連으로 향했던 이회

● 전남 함평에 있는 일강 김철 선생 기념관과 단심송이다.

영 선생이 일경에 체포돼 고문사한 것이다.

이회영 선생은 임시정부에서 활동하진 않았지만, 우리 독립운동사 전체의 큰 어른이자 중국 내 항일투쟁의 지도자이기도 했다. 성재는 당시 상황을 이렇게 기록했다. '나는 당시 항주에 있었는데, 중국의 수많은 동지가 서호공원에서 추도회를 열고 뜨거운 눈물을 흘렸는데, 그 일이 신문에 실렸다.'

항저우에서의 마지막 이야기는 내 무지와 부끄러움에 관한 것이다. 다큐멘터리 촬영 때 나는 촬영할 장소만 조언했지, 숙박 등의 일정에는 관여하지 않았다. 그런데 항저우에서의 숙소는 내 뜻대로 해주길 부탁했다. 2018년 당시에도 숙박업소로 운영되던 곳이 항저우 임정 임시사무소로 쓰였던 '청태제2여사'라는 정보 때문이었다.

생각했던 것보다 열악한 숙박시설이라 촬영팀에게 미안했지만, 위태롭던

임시정부를 걷다 대한민국을 걷다

항저우 시기 임정을 곡진하게 경험할 수 있는 하룻밤 아니냐며 너스레를 떨었다. 숙소 안쪽의 오래된, 솔직히 말하면 방치된 곳도 혹 1930년대 모습이 아닐까 싶어 열심히 촬영했다. 그런데 다큐멘터리가 방영된 후 그곳이 임정 임시사무소 자리가 아니라는 보도가 나왔고, 독립기념관에서도 이를 확인했다. 쑥스러운 일이지만 되돌릴 수 없어 더 난감했다.

나는 독립기념관 관장을 인터뷰했을 때의 일이 떠올랐다. 당시 관장은 윤봉길 의사 손녀인 윤주경 선생이었다. 나는 인터뷰 말미에 내 졸저를 드리며 부탁 반 항변 반 목소리를 높였다. 일개 고등학교 문학 선생이 중국 전역을 답사해 이런 책을 냈다, 그런데 직접 답사를 해보니 독립기념관 자료 중에 부정확한 정보가 너무 많더라, 어떻게 이럴 수 있는가, 윤봉길 의사의 후손인 관장님이 해결해야 하지 않겠는가. 그때 윤주경 관장은 자신이 꼭 연구원에게 전해 자료가 업데이트되도록 하겠노라 약속했는데, 나 또한 얼치기 전문가 행세를 하고 만 셈이다.

반드시
목적을 달성하고,
기쁜 얼굴로 만나자

\ **살아 있는 갈대, 전장의 임정**

상하이를 중심으로 한 임정 답사는 남쪽으로 항저우, 북쪽으로 난징을 아우른다. 상하이에서 항저우를 가는 도중 자싱과 하이옌을 들르는 것처럼, 난징에 가기 전 답사할 곳이 있다. 난징 남동쪽의 전장鎭江이다. 항저우를 떠난 임정이 일제 감시가 심한 난징을 피해 중일전쟁 직전까지 2년여를 머문 곳이 전장이다.

이곳에도 대한민국임시정부 유적이 있다. 목원소학교穆源小學校다. 전장시는 1930년대 김씨 성을 가진 한국인이 이곳에서 강연했다는 자료를 확보하고 이를 확증하기 위해 노력한다. 그러던 중 당시 목원소학교 교사와 학생의 증언을 통해 그 강연자가 김구 선생임을 확인했다며 대한민국임시정부 사료진열관을 세운다. 한 학생이 기억하는 강연의 마지막 내용은 해방 후 『백범

● 사료진열관에 전시된 그림으로, '金九演講會김구연강회'라고 쓰여 있다.

일지』를 간행하며 김구 선생이 덧붙인 「나의 소원」의 첫 부분이었단다. 확인
되진 않지만 믿고 싶은 사연이다.

> "네 소원이 무엇이냐?" 하고 하나님이 물으시면, 나는 서슴지 않고 "내
> 소원은 대한 독립이오." 하고 대답할 것이다. "그다음 소원은 무엇이
> 냐?" 하면, 나는 또 "우리나라의 독립이오." 할 것이요, 또 "그다음 소
> 원이 무엇이냐?" 하는 셋째 번 물음에도, 나는 더욱 소리를 높여서 "나
> 의 소원은 우리나라 대한의 완전한 자주독립이오." 하고 대답할 것이다.

이곳을 처음 찾았을 때 정보가 부족해 고생이 적지 않았다. 현지인이 살고
있는 복잡한 주거지 안쪽에 진열관이 있어, 그곳으로 통하는 입구를 찾기도

쉽지 않았다. 한참을 서성인 후 표지판을 만났을 때의 반가움은 이루 말할 수 없었다. 색이 바래긴 했지만, 한글로 '진강대한민국임시정부진열관'이라 쓰인 표지판이 입구 초입에, 그리고 갈림길마다 붙어 있었기 때문이다.

먼지 쌓인 한글 표지판이 안쓰러웠는데, 2018년 다큐 촬영 때 보니 선명한 태극 문양 바탕의 한글 표지판으로 교체되었다. 반갑고 감사했다. 한글 표지판이 붙은 중국 골목길을 나는 제자와 몇 번이고 걸었다. 진열관을 찾아가는 우리 모습을 앞에서, 옆에서, 뒤에서, 그리고 공중에서도 촬영해야 했기 때문이다.

드론 촬영 때는 골목길을 거의 덮을 듯한 처마와 나무로 우리가 보이지 않아 몇 번이나 같은 길을 걸어야 했다. '그림'이 좋다는 카메라 감독의 판단과

임시정부를 걷다 대한민국을 걷다

● 홍진 선생 묘소는 동작동 국립현충원 임정 요인 묘역에 있다.

요구에 따른 것이었지만, 나는 반복되는 촬영이 나쁘지 않았다. 이 길을 숱하게 걸었을 임정 요인 한 분을 차분히 제자에게 소개할 수 있어서다.

홍진, 낯선 이름이겠다. 그는 국내에서 한성정부가 수립될 때, 그리고 통합 임시정부를 세울 때 중요한 역할을 했다. 선생은 상하이 임정과의 통합을 위해 압록강을 건너면서 이름을 홍면희에서 홍진으로 바꾼다. 검사와 변호사로서의 기득권을 버리고 독립운동에 헌신하겠다는 의지의 표현이었다.

대한민국임시정부는 행정부인 임시정부와 국회 격인 임시의정원으로 구성된다. 홍진 선생은 행정 수반인 국무령과 임시의정원 의장을 모두 역임했다. 그가 국무령으로 선출되기 전 임정의 분열에 회의를 느끼고 은거한 곳이 이곳 전장이다. 「통분과 절망」, 홍진 선생이 이때 쓴 글 제목이다.

사료진열관에는 우리가 잘 알고 있지만 임정과는 잘 연결되지 않는 한 인

물에 대한 설명이 있다. 『대지』의 작가 펄 벅Pearl Buck이다. 그녀는 중국에서 선교하던 부모님 때문에 중국에서 성장했다. 그리고 대한민국임시정부가 전장에서 활동한 전후 18년을 전장에서 살았다. 그때 펄 벅 여사는 조선의 독립운동에 대해 알고 있었을까? 정확한 사실을 알 순 없지만, 그녀가 조선 독립을 지지했던 것은 분명한 듯하다. 1937년 8월 15일 신문에 기고한 글에 '한국인은 마땅히 자치해야 한다.'라는 문장이 확인되기 때문이다.

조선을 '고결한 사람들이 사는 보석 같은 나라'라고 썼던 펄 벅 여사의 작품 중에 우리가 꼭 기억해야 할 소설이 있다. 『살아 있는 갈대The Living Reed』다. 이 작품은 조선인 김일한 일가의 3대에 걸친 독립운동 이야기다.

우리 독립운동가와 펄 벅 여사의 인연은 이어진다. 펄 벅 여사는 자신의 책을 출판해 온 존 데이John Day 출판사 사장 리처드 R. J. 월시와 재혼한 후 미국에 정착한다. 그런데 이 출판사의 1941년 출간물 중 'THE LIFE STORY OF A KOREAN REBEL'이라는 부제가 붙은 책이 있다. 조선인 혁명가 김산의 일생을 다룬 『SONG OF ARIRAN』이다.

첫 답사 때 사료진열관에는 유창한 한국말로 전시관 곳곳을 안내해 준 젊은 중국 여성이 있었다. 한국에서 유학했다는 그녀는 전장시 공무원으로 채용돼 이곳을 관리한다고 했다. 하지만 이후 답사 때는 그 직원을 만나지 못했다. 자싱처럼 방문객이 많지 않아 관리 인원을 줄인 것으로 짐작할 뿐, 자세한 사정은 알 길이 없다.

＼ ENDLESS FLOW OF TEARS

역대 중국 열 개 왕조의 수도, 25km에 달하는 명대 성벽이 건재한 중세 도시, 그러나 오천 년 중국 봉건제를 무너뜨리고 최초의 공화정 중화민국이 수립된 근대 도시, 중일전쟁 당시 대학살로 30만 명이 희생된 비극의 도시, 난징南京. 이곳은 대한민국임시정부를 비롯한 우리 독립운동사와도 겹겹의 인연이 있다.

그런데 '국외독립운동사적지'에 따르면 난징에는 눈에 띄는 임정 관련 유적지가 없다. 임정 청사도, 역사적으로 중요한 사건 발생지도 없다. 오히려 당시 임정과 경쟁하던 약산 김원봉 계열의 독립운동단체와 관계된 공간이 더 많이 확인된다. 그래서 난징 답사는 임정 역사만으로 꾸려지지 않는다.

약산은 백범보다 한 세대 아래다. 하지만 항일투쟁 경력에선 결코 뒤지지 않았다. 특히 난징 시기 약산은 백범보다 앞서갔다. 유명무실해진 임정과 달리 약산의 민족혁명당은 임정 요인까지 끌어들이며 항일투쟁을 주도했다. 물론 두 사람이 경쟁하고 반목하기만 했던 건 아니다. 백범은 자신의 거주지

● 난징 부자묘 야경

인근에서 약산과 자주 만나 독립운동의 방향과 전략을 의논했다고 한다. 그래서 나는 난징 답사를 늘 백범의 거처 인근 회청교淮淸橋에서 시작한다.

　이곳은 현재 난징의 대표적 관광지 부자묘夫子廟 인근으로 야경이 아름답기로 유명하다. 날카로운 처마 선의 검정 기와와 흰 벽은 조명을 받아 중국 강남의 전통적이고 고풍스러운 분위기를 낸다. 여러 갈래로 난 수로는 화려한 조명으로 단장하고, 오가는 유람선도 유등처럼 아련하고 아름답다. 1933년 이곳을 배회하던 한 조선인은 훗날 이런 글을 남겼다. 난징 조선혁명군사정치간부학교 1기생 이육사다.

　봄비 잘 오기로 유명한 남경의 여관살이란 쓸쓸하기 짝이 없는 것이라

　　　　　임시정부를 걷다 대한민국을 걷다

● 중앙반점

나는 도서관을 가지 않으면 고책사나 고동점에 드나드는 것으로 일을
삼았다. 그래서 그곳에서 얻은 것이 비취인장 한 개였다. (…) 나는 얼마
나 그것이 사랑스럽던지 밤에 잘 때도 그것을 손에 들고 자기도 했고 그
뒤 어느 지방을 여행할 때도 꼭 그것만은 몸에 지니고 다녔다.

내가 난징 답사 때마다 이용하는 호텔은 숙소이자 답사지다. 100년 역사
의 중앙반점中央飯店, 이곳은 1933년 5월 백범이 장제스와의 면담을 위해 난
징을 방문했을 때 묵었던 곳이다. 장제스의 거처가 호텔 바로 북쪽 총통부
내에 있었기 때문이다.

백범은 장제스와의 면담을 통해 장기적인 항일전쟁에 대비한 군인 양성에
나선다. 중국 낙양군관학교에 한인특별반을 설치해 조선 청년이 군사훈련을

받을 수 있게 한 것이다. 이때 훈련받은 이들 다수가 훗날 한국광복군의 교관으로 활약하게 된다. 낙양군관학교 2기 입학을 위해 북간도 룽징에서 난징을 찾는 이 중에는 '또 다른 윤동주' 송몽규도 있었다.

중앙반점은 그 역사적 의미도 의미지만, 다음 날 답사를 이어가기에도 좋은 위치다. 호텔에서 길만 건너면 '이제항利濟巷 위안소慰安所 구지진열관舊址陳列館'이 있기 때문이다. 태평양전쟁 당시 일본군이 세운 가장 규모가 크고 온전하게 보존된 '위안소' 유적이다. 오랫동안 방치되었던 이곳은 한 일본 기자의 끈질긴 추적에 힘입어 주목을 받게 된다. 이때 중요한 증언을 한 이가 당시 북한에 생존해 있던 박영심 할머니다.

평안남도 출신의 박영심 할머니는 1939년 17살에 일본인 순경에게 속아 난징의 '위안소'로 끌려왔다. '우타마루'라는 이름으로 3년 동안 '위안부' 생활을 해야 했던 할머니는, 미얀마와 중국 윈난성 등지로 끌려다니다 종전 직후 중국군에게 붙잡혀 포로수용소에 갇힌다.

1944년 연합군이 촬영한 일본군 '위안부' 포로 사진에 임신한 모습으로 찍힌 이가 박영심 할머니다. 부른 배 때문에 힘겹게 서 있는 젊은 날의 자신을 알아본 할머니는 당시 인터뷰에서 "사진에 나와 있는 임신한 여성이 바로 나다. 아기는 포로수용소에서 유산되었다."고 증언했다.

난징은 인구 700만을 헤아리는 거대도시라 이제항을 비롯한 도시 곳곳이 재개발 중이었다. 하지만 2003년 박영심 할머니의 증언으로 개발은 중단되었고, 이곳은 복원공사를 거쳐 2015년 12월 '이제항위안소 구지진열관'으로 개관한다. 중국에 소재한 일본군 '위안소'가 한국인 피해자 여성의 증언으로 복원된 것이다.

그런데 같은 해 같은 달 한국에선 무슨 일이 있었던가. 당시 박근혜 정부는 일본 정부와 '위안부' 문제에 관한 '최종적이고, 불가역적'인 협상을 타결

● 利濟巷_{이제항} 표지판 뒤가 복원된 '위안소' 건물이다.

했다고 발표했다. 합의금 10억 엔에 식민지 시기 수많은 조선 여성의 일생과 한 국가의 자존심과 수십 년에 걸친 일본군 '위안부' 관련 시민운동을 팔아 넘겼다.

1991년 8월 14일, 김학순 할머니의 공개 증언으로 일본군 '위안부' 문제가 공론화되었고, 일본의 책임과 배상을 요구하는 시민 활동이 시작되었다. 이 듬해 1월 주한 일본대사관 앞에서 첫 수요집회가 열렸고, 이후 일제의 반인 륜적 범죄행위를 규탄하는 국제연대도 활발하게 이루어졌다. 그런데 이 모 든 노력과 역사를 대한민국 정부가 앞장서 부정한 것이다.

진열관 뜰에는 젊은 시절 임신한 박영심 할머니의 모습이 동상으로 세워 져 있다. 그 왼쪽으로는 중국의 '위안부' 피해자와 함께 한국의 인권운동가 김학순 할머니 사진도 있다. 중국에 있는 '위안부' 관련 공간에 한국 여성이

● 흰색 네모로 표시한 분이 김학순 할머니다.

대표적인 증언자로 선 것이다. 피해자 개인의 고통과 노력, 그리고 이에 정면
으로 반하는 국가의 무책임과 몰염치의 간극을 어찌해야 할 것인가.

나는 이곳 답사가 싫다. 서늘하고 섬뜩한 느낌이 불편하고 힘들다. 그럼에
도 나는 반드시 일행과 함께 전시관 전체를 꼼꼼하게 둘러본다. 그리고 한곳
에 오래 머문다. 한국인 '위안부' 전시실이 있는 B동 2층, 그중에서도 19호다.
이곳이 박영심 할머니가 일본군 성노예로 고통받았던 곳이다.

답사 일행은 전시관의 마지막 공간도 쉽게 지나치지 못한다. 'ENDLESS
FLOW OF TEARS'라는 제목의 '위안부' 할머니 청동 흉상이 있는 곳이다.
벽에 걸린 할머니는 끊임없이 눈물을 흘린다. 흉상 아래로는 깨끗한 수건이
마련돼 있다. 관람객이 직접 할머니의 피눈물을 닦아 주라는 의도이리라. 인

솔자로서 나는 이곳에서 매번 곤혹스럽다. 목이 메는데도 설명하지 않을 수 없기 때문이다.

다큐멘터리 촬영 때도 마찬가지였다. 겨우겨우 설명을 마쳤는데 제자 두 명 모두 통곡을 했다. 전혀 예상치 못한 일이었다. 카메라 감독은, 잔인했지만 계속 촬영을 이어갔다. 시청자에게 이곳의 느낌을 이보다 더 잘 전해 줄 수는 없으리라는 생각에 무거운 마음으로 할 일을 했다고 믿는다.

예정돼 있었던 아이들 인터뷰는 결국 실내에서 하지 못했다. 18살 두 여고생은 인터뷰 때도 울먹였다. 이 엄청난 폭력의 증거 앞에서, 같은 여성으로서 느끼는 공포와 분노 때문이었을까? 이육사 선생 따님 이옥비 여사를 모시고 갔을 때도 여사는 오래오래 정성껏 할머니의 눈물을 닦았다.

＼　기쁜 얼굴로 서로 만나기를 기대한다

난징 답사 마무리는 늘 난징 외곽의 천녕사天寧寺다. 윤봉길 의사 의거로 백범이 낙양군관학교에 한인특별반을 만들었다면, 약산은 국민당 정부의 지원을 받아 직접 조선혁명군사정치간부학교를 세웠다. 1기와 2기 장소는 사라졌고 3기 훈련장소만이 겨우 남았는데 그곳이 천녕사다. 하지만 약산 김원봉이 제1기 입학식에서 했던 인사말은 지금도 뜨겁고 애절하게 남아 있다.

동지들은 결사적인 투쟁을 계속하여 우리들의 강토에서 강도 왜노를 몰아냄으로써, 조선의 절대 독립과 동삼성의 탈환을 기해야 한다. 이렇게 함으로써 혁명 투쟁을 위해 헤어진 동지들이 최후에는 반드시 목적을 달성하고, 기쁜 얼굴로 서로 만나기를 기대한다.

　　　　　　　　　　　　　　　　　　임시정부를 걷다 대한민국을 걷다

　이곳 답사는 유난히 우여곡절이 많았다. 베이징한국국제학교 제자들과 이곳을 찾았을 때 대형버스가 지날 수 없어 답사 자체가 무산됐다. 두 번째 답사 때는 그곳에 아무것도 없다는 중국의 우버, 디디다처滴滴打车 기사를 한참 설득해야 했다. 세 번째 답사 때는 상하이에서 출발이 늦어진 데다 길을 잘못 들어 어둑해진 후에야 산길을 올랐다. 다큐 촬영을 위한 네 번째 방문 때도 상황은 크게 달라지지 않았다.

　그리고 2020년 1월의 다섯 번째 답사, 이번에도 첫 번째 답사 때처럼 다리 위에 대형차량의 통행을 막기 위해 놓인 큰 돌이 가로막았다. 상황이 이러니 어쩔 수 있겠냐는 표정의 중국인 기사와 중국 동포 가이드의 눈짓을 무시하고 나는 남자 답사 일행 모두를 내리게 했다. 그리고 바위를 한쪽으로 밀기 시작했다. 어리둥절하던 가이드까지 합세하고서야 버스가 지날 공간을 만들

수 있었다.

　그렇게 다시 찾은 천녕사 입구에는 반가운 표지판이 있었다. 여기에는 사연이 있다. 이곳을 오르는 산길은 폐허 같은 건물 사이 좁은 길을 통과해야 하는데 그곳을 놓치기 일쑤다. 그래서 나는 난징 답사를 계획하는 이들의 특강 때마다 이 사실을 강조하며 위성지도로 상세한 위치를 안내하곤 했다. 2019년 대한민국임시정부 수립 100주년 기념으로 아이들과 함께 상하이-난징 답사를 계획했던 김포의 한 초등학교도 마찬가지였다.

　그런데 인솔 교사가 답사를 무사히 다녀왔다며 연락을 해서는 천녕사 입구에 허락을 받아 표지판을 붙여 놓았다고, 그게 뉴스에도 보도됐다고 자랑

　　　　　　　　　　　　　　　　　　　임시정부를 걷다 대한민국을 걷다

오늘의 천녕사

을 했다. 나도 함께 기뻐했었는데 직접 확인하게 된 것이다. 천녕사 오르는 길에는 초등학교 꼬맹이들이 달아 놓은 이정표도 있었다. 내가 처음 이곳을 답사했을 때와는 사뭇 다른 풍경이었다.

　나는 앞서 독립이라는 최후 목적을 달성한 후 기쁜 얼굴로 서로 만나자고 한 약산의 인사말을 소개했다. 그러나 조선혁명군사정치간부학교 교장 약산 김원봉, 교관 석정 윤세주, 훈련생 육사 이원록은 해방된 조국에서 만나지 못했다. 약산은 해방 후 분단된 조국의 북쪽에서 의문의 죽임을 당했고, 석정은 중국 타이항산에서 장렬하게 산화했으며, 육사는 베이징 일본총영사관 지하 감옥에서 고문사했기 때문이다.

3 · 3

혁명은
아직
성공하지 못했다

＼　남목청, 과거와 현재의 위기

나는 종종 중국 내 임정 답사 조언을 한다. 나는 먼저 확보할 수 있는 시간과 답사의 목적을 묻는다. 전공자가 아닌 일반인이라면 일주일 이내의 여정과 여행을 곁들인 답사를 원한다. 그러면 답은 정해져 있다. 상하이-난징을 묶어 그 일대를 둘러보는 것이 가장 밀도 높게 임정 답사를 하면서 중국의 과거와 미래도 경험할 수 있는 길이다.

드물게 해방을 맞은 충칭 답사를 원하는 이도 있지만, 이 경우 함께 둘러볼 답사지가 많지 않다는 단점이 있다. 답사보다는 여행에 무게를 두는 이들은 홍콩과 가까운 광저우를 중심으로 한 임정 답사 루트를 원한다. 어떤 경우든 각자의 상황에 맞게 답사 일정을 짜면 될 일이다.

그런데 중국 내 대한민국임시정부 유적 전체를, 임정의 연대기에 따라 답

　　임시정부를 걷다 대한민국을 걷다

사하고 싶다면 어떨까? 추천할 만한 일은 아니지만 몇 가지를 곁들인다면 뜻깊은 답사·여행일 수도 있다. 예를 들어 임정이 잠시 머물렀던 류저우柳州 인근의 구이린桂林에서 조선의용대의 흔적을 찾고, 중국 산수의 절경도 즐기는 등의 일정을 포함한다면 말이다.

난징을 떠나 충칭에 도착하기까지 임정 유적은 광활한 중국대륙에 드문드문 위치한다. 1,000km 이상 이동해야 다음 답사지에 닿는 것은 예사고, 항공 노선이나 고속철이 없어 오로지 자동차로만 접근해야 하는 경우도 부지기수다. 이제 그 길을 떠나 보자.

중국 내 임정 답사의 주요 지점은 상하이, 광저우, 충칭이다. 세 꼭짓점을 잇는 거대한 삼각형은 임정 피난 및 환국 여정과 거의 일치한다. 세 지점을 잇는 직선 중간에 임정이 거쳐 갔던 공간이 위치하는데, 난징과 광저우 사이에 창사長沙가, 광저우와 충칭 중간에 류저우-구이양貴陽-치장綦江이 있다.

1937년 중일전쟁이 발발하자 난징에서 활동하던 대한민국임시정부는 중화민국 정부와 함께 피난길에 오른다. 그러다 임시 전시 수도 충칭으로 향하는 길에서 갈라진 곳이 창사다. 7개월여를 창사에 머물던 임정은 서쪽이 아닌 남쪽으로 길을 잡는다. 중국국민당의 항일 의지나 전시 수도로서 충칭의 역할에 의구심을 가졌다는 분석도 있고, 여차하면 대한민국임시정부에 호의적이던 프랑스령 인도차이나로 임정을 옮기려는 의도도 있었단다.

일본군 점령 직전 난징을 탈출한 임정 요인과 가족은 우한武漢까지는 배로, 우한에서 창사까지는 기차로 이동했다. 창사를 중간 기착지로 결정한 건 싼 물가 때문이었다. 홍콩을 통한 해외통신이 가능하다는 점도 고려됐다.

창사 시절 초기 임정은 임시학교를 개설해 아이들을 가르쳤는데, 교장은 와세다대학 출신의 이달 선생이었다. 1938년 3월에는 전쟁 중임에도 두 가지 중요한 행사를 열었다. 3·1운동 기념식 때는 행사장 전체가 울음바다가

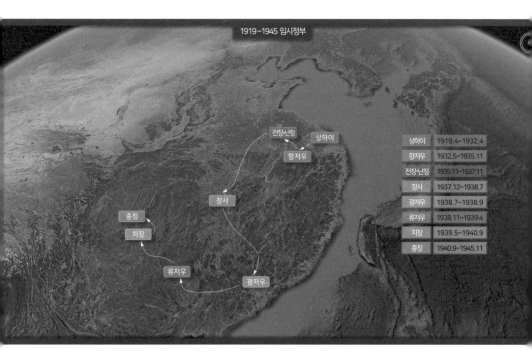

1919~1945 임시정부

상하이	1919.4~1932.4
항저우	1932.5~1935.11
전장·난징	1935.11~1937.11
창사	1937.12~1938.7
광저우	1938.7~1938.9
류저우	1938.11~1939.4
치장	1939.5~1940.9
충칭	1940.9~1945.11

됐다는데, 10일 후 같은 장소에서 가슴이 무너지는 행사가 또 열린다. 안창
호 선생의 추도식이다. 그리고 창사 시절 시작된 일본군의 공습은 이후 충칭
까지 지긋지긋하게 이어진다.

그런데 창사 시절 임정에 심각한 타격을 가한 사건이 발생한다. 남목청사
건이다. 남목청楠木廳은 조선혁명당 당사이자 임정 요인과 가족 거주지였다.
이곳에서 우익 진영 세 정당의 합당을 위한 회의가 열렸다. 그런데 이운환이
라는 조선 청년이 회의장에 난입해 권총을 난사한다. 현익철 선생은 병원 이
송 후 사망하고, 김구와 유동렬 선생은 중상, 지청천 장군은 가벼운 부상을
입는다. 『백범일지』의 기록이다.

임시정부를 걷다 대한민국을 걷다

● 楠木廳6號_{남목청6호}라는 주소와 '金九生活旧址_{김구생활구지}'라는 표지석이 보인다.

남목청에서 자동차에 실려 상아의원에 도착한 후 의사가 나를 진단해 보고는 가망이 없다고 선언하여, 입원 수속도 할 필요 없이 문간에서 명이 다하기를 기다릴 뿐이었다. 그러다가 한두 시간 내지 세 시간 내 목숨이 연장되는 것을 본 의사는 네 시간 동안만 생명이 연장되면 방법이 있을 듯하다고 하다가, 급기야 우등병실에 입원시켜 치료에 착수하였던 것이다.

● 상아의원

백범이 한 달 정도 치료를 받았던 상아의원湘雅醫院은 현재 중난대학교 의과대학이 되었다. 당시 건물 중앙에는 '湘雅醫院' 글씨가 남아 있고, 하단에 '中華民國중화민국 四年4년 十月10월 十八日18일 立입 1915'라는 건립일도 확인된다. 당시 김구 선생은 매우 위중했다. 의사가 백범의 아들 김인과 임정 요인 안공근에게 백범의 사망 전보를 칠 정도였다.

대한민국임시정부 100주년이 되던 2019년, 상아병원에 입원하던 때의 백범 사진이 발굴, 공개됐다. 가슴의 총탄 자국이 보이게 셔츠를 열어젖히고 당당하게 앉은 백범의 모습이 이채롭다. 백범은 이때 몸속에 박힌 총알을 빼내지 못하고 평생 총알을 가슴에 품고 살았다.

이때의 후유증으로 백범이 특유의 서체를 갖게 된 건 에피소드 정도로 치부할 수 있겠다. 하지만 백범의 어머니 곽낙원 여사의 말씀은 가슴 아프다. "한인의 총에 맞고 살아난 것이 일인의 총에 죽는 것만 못하다." 총상으로 사경을 헤매다 한 달 만에 회복한 아들에게 한 어머니의 말로는 가혹하지만, 품속의 자식이 아니라 민족의 지도자로 아들을 대하는 조선 어머니의 추상 같은 모습에 고개가 절로 숙여진다.

　과거 남목청사건도 위태롭고 안타깝지만, 현재의 남목청 '김구선생생활구지' 또한 아슬아슬하다. 이곳을 답사했을 때 주변은 거리 조성 공사로 어수선했고, 남목청은 2년 전부터 휴관 중이었다. 주변의 허름한 가옥에 비해 비교적 잘 복원, 보전된 것은 다행스러웠지만 꽤 오랫동안 문을 열지 않았다는 주민의 전언에는 가슴이 덜컥 내려앉았다. 자싱과 전장 임정 유적의 미래를 본 듯했기 때문이다.

＼　동지들이여 계속 노력해야 한다

우리는 창사에서 광저우까지 고속철로 이동했다. 중국 고속철은 한국 KTX와 일본 신칸센에 뒤지지 않는다. 중국의 광활함과 비행기의 복잡한 수속 절차를 생각하면 고속철은 중국 답사에서 유용한 이동 수단이다. 창사에서 광저우까지 약 700km를 2시간이면 갈 수 있다.

　그러나 1938년 7월 창사에서 기차를 탄 임정 요인과 가족들은 사흘 걸려 광저우에 도착했다. 철로를 따라 끊임없이 이어지는 일본군의 공습 때문이었다. 일본 전투기가 출몰하면 기차는 정차하고 승객은 근처 풀숲으로 흩어져야 했다. 그곳에는 태어난 지 보름밖에 되지 않은 딸 제시를 '피크닉' 바구니에 담고 폭격을 피했던 양우조 선생 부부도 있었다.

　광저우의 첫인상은 깨끗하고 쾌적하다는 것이었다. 아열대 기후의 중국 최남단이라 날씨 걱정을 많이 했는데 가을과 겨울에 답사한 나는 두 번 모두 휴양지에라도 온 느낌이었다. 광서우 임시정부 청사로 쓰였던 동산백원東山栢園을 찾아갔을 때 특히 그런 느낌을 받았다. 중국 본토 중 가장 먼저 개항한 광저우의 조계 지역이었기 때문이리라.

동산백원은 2016년에야 그 실체가 확인되었다. 중국 인사들의 호의로 동산구東山區의 백원柏園을 임시 사무실로, 아세아여관亞細亞旅館을 임정 요인과 가족의 숙소로 정했다는 기록은 있었다. 하지만 해당 건물은 멸실된 것으로 알려졌다가 최근에야 정확한 위치와 건물이 확인된 것이다. 나는 주민의 양해를 구해 건물 옥상으로 올라갔다. 주변에는 중국과 서양 양식이 절충된 저택이나 별장이 많이 남아 있었다.

광저우는 상하이와는 다른 느낌을 준다. 현재 상하이 마랑로 청사가 있는 신텐디가 인위적인 개발로 경박한 가짜라는 느낌을 준다면 광저우 동산구는 역사의 무게를 그대로 유지하고 있다는 느낌이다. 무엇보다 거리나 건물 모

두 말끔하다.

　나는 동행한 제자에게 이런 느낌을 전하고, 동산백원을 어떤 방식으로 보존하는 게 좋을지 물었다. 풍경도 이국적이고 음식도 특색 있다는 감상평에 이어 주민은 그대로 거주하고, 일부를 게스트하우스로 꾸며 운영하면 좋겠단다. 현지 주민이 살고 있다면 이를 존중하면서 답사객에게 역사적 경험을 제공하는 방법이 강구돼야 한다는 기특한 말도 덧붙였다.

　동산백원 인근에는 한국독립당 광동지부가 있었다. 이곳은 광저우에 체류하는 한인 청년을 규합하고 그들에게 중산대학과 황포군관학교 입학을 주선했다. 그러나 이곳의 정확한 주소는 확인되지 않는다. 다만 '중국공산당 제3

● 동산백원

차 대회 구지' 인근이라는 설명이 '국외독립운동사적지'에서 확인된다. 그렇다면 어렵지 않게 위치를 추정할 수 있다.

중국공산당 제3차 대회는 우리 독립운동사에도 큰 영향을 미친 회의다. '중국공산당 제3차 전국대표자대회'와 '중국국민당 제1차 전국대표자대회'를 통해 중요한 결정, 즉 제1차 국공합작이 이루어진 것이다. 그 결과 광저우에 황포군관학교가 세워졌고, 한국 청년들도 이곳에서 항일무장 대오를 갖출 수 있게 된다.

임정과 관련해 광저우에서 꼭 가보고 싶었던 곳이 있었다. 동교장東較場이다. 지금은 광저우시 체육장으로 바뀌어 옛 모습은 전혀 남아 있지 않다. 그래서 답사 동행들은 버스에서 쉬게 하고 나 혼자서 촬영을 위해 열심히 뛰어다녔다. 사진으로라도 이곳을 기억하고 싶었기 때문이다. 이곳은 임정과 어

임시정부를 걷다 대한민국을 걷다

● 廣東省人民體育場이라는 현재의 명칭 위에 인장 모양의 東較場이 보인다.

떤 인연이 있는가?

대한민국임시정부는 수립 후 다른 정부의 공식 승인을 얻기 위해 노력했다. 그 결과 1920년 수립된 호법정부가 대한민국임시정부를 승인한다. 임정 요인 중 한 분이 1921년 10월 3일 쑨원孫文과 회담한 후, 10월 18일 국서를 전달한 곳이 동교장이다. 이곳에서 진행된 북벌 전례 행사 때 쑨원은 대한민국임시정부 일행을 초청해 공식 국빈으로 접견한다.

이 모든 일을 감당한 이가 신규식 선생이다. 선생은 임정 법무총장으로 조국 광복을 위해 일했고, 임정 내부의 분열로 무정부상태인 상황에서는 국무총리 대리와 외무총장을 겸임해 동분서주했다. 예관을 극진히 대접한 호법정부의 비서장 후한민胡汉民은 신규식 선생에게 이렇게 약속했다.

한국과 중국 두 나라는 역사상으로 말하면 손과 발의 관계와 같은 정의가 있는 것이요, 지리상으로 말하면 이와 입술의 관계와 같이 서로 의지하는 밀접한 관계가 있어 희비가 상관하며, 환난은 서로 도와야 한다. (…) 저는 반드시 선생의 뜻을 손문 총통에게 전달하고 시간을 정하여 정식으로 회견할 것을 약속하며, 한국과 중국 두 나라의 국시에 대하여 가장 좋은 방법을 상의하고자 한다.

그런데 몇 년 전 중국 최고위 관료가 이와 유사한 발언을 해 주목을 받았다. 2014년 7월 시진핑 중국 국가주석은 서울대 특별강연에서 '역사상 위태로운 상황이 발생했을 때마다 양국은 항상 서로 도와주면서 극복했다.'고 언급하면서 그 대표적인 인물로 대한민국임시정부 주석 백범과 '중국인민해방군 군가'의 작곡가 정율성 선생을 들었다.

우리 독립운동사를 공부하다 보면 몇 곳의 중국 군관학교, 우리로 하면 사관학교 이름을 자주 접하게 된다. 그중에서도 대표적인 것이 황포군관학교다. 이곳은 1924년 제1차 국공합작 이후 러시아의 지원을 받아 세워진다. 공식 명칭은 '중국국민당 육군군관학교'지만, 주강珠江의 황포黃埔에 위치하기에 흔히 황포군관학교로 불린다.

이 학교의 초대 교장이 훗날 우리 독립운동사에 긍정적으로든, 부정적으로든 막강한 영향을 미치는 장제스다. 황포군관학교 졸업생은 훗날 중국국민당과 중국공산당의 주요 지도자로 성장했다. 그리고 우리 독립운동사의 주요 인물도 이곳에서 공부하고 항일 역량을 키웠다.

여러 인물 중 우뚝한 이는 약산 김원봉이다. 그런데 약산이 황포군관학교에 입학한 시기가 다소 의외다. 약산은 1926년 4기로 입학한다. 신흥무관학교를 거쳐 1919년 의열단을 창단해 의백으로서 이미 상당한 항일투쟁 경력

을 쌓은 그가 왜 황포군관학교에 입학한 것일까?

　일반적인 해석은 '의열투쟁의 한계를 절감하고 군대의 필요성을 자각했다.'로 정리된다. 황포군관학교 졸업 후 약산의 활약은 이런 해석을 뒷받침한다. 약산은 1932년 윤봉길 의거 이후 난징에 조선혁명군사정치간부학교를 연다. 황포군관학교 스승인 장제스와 동기의 도움을 받았음은 물론이다. 그리고 중일전쟁 1년 후인 1938년 중국 관내 최초의 조선인 군대를 창설하기에 이른다. 조선의용대다.

　최근 황포군관학교 입구의 졸업생과 교관 이름을 새긴 비석에서 한국 청년의 이름이 확인되고 있다. 약산若山 김원봉金元鳳도 '金若山김약산'으로 새겨

● 박건웅은 사회주의 계열의 독립운동가로 충칭에서 대한민국임시정부에 참여했다. 최용건은 동북항일연군에서 항일투쟁을 했고 해방 후 조선인민군 총사령관 등을 역임했다.

져 있다. 황포군관학교 4기에는 약산을 포함해 조선인 청년 24명이 입학했다. 1~3기까지 조선인 학생이 4명에 불과한 것을 보면, 이는 약산의 역할이 컸음을 보여 준다.

현재 이곳은 장교를 교육했던 사관학교라기보다는 휴양지 같은 느낌이다. 아열대 기후 특유의 울창한 상록수와 군함이 운행할 정도의 주강 풍광이 그만이다. 그리고 중국 현대사에서 황포군관학교의 무게 때문인지 중국인도 이곳을 많이 방문한다. 교과서에서 흑백사진으로 보았던 '陸軍軍官學校^{육군군관학교}'라 쓰인 정문 앞에서 우리와 마찬가지로 중국인도 기념사진을 찍는다.

그런데 한국인과 달리 많은 중국인이 줄을 서 사진을 찍는 곳이 한 곳 더 있다. 정문 오른쪽 건물 벽에 쓰인 '革命尚未成功^{혁명상미성공}'이라는 문구 앞에 서다. 반대편에는 이와 대구로 '同志仍須努力^{동지잉수노력}'이라는 여섯 자가 쓰

임시정부를 걷다 대한민국을 걷다

여 있다. 이 문장은 쑨원의 유언이다. "혁명은 아직 성공하지 못했다. 동지들이여 계속 노력하자." 해방 70년 넘게 분단을 극복하지 못한 우리야말로 쑨원의 유지를 받들어야 하지 않을까 하는 생각이 쉽게 가시지 않는다.

광저우에는 중국 정부가 특별한 애정으로 조선 혁명가를 기념하는 공간이 있다. '中朝人民血誼亭중조인민혈의정', '중국과 조선 인민의 피로 맺은 우의를 기념하는 정자'라는 이름에서 예사롭지 않은 사연을 직감하게 된다. 이곳은 1927년 12월 광저우 봉기에 헌신한 조선 청년과 관련된 기념물이다.

중국국민당은 1912년 중화민국이 성립하면서, 중국공산당은 1921년 상하이에서 각각 창당된다. 당시 소련공산당의 지원을 받던 중국국민당은 앞서 설명한 대로 1924년 중국공산당과 제1차 국공합작을 한다. 그리고 각종 이권을 제국주의 세력에 팔아넘기던 지방 군벌과의 전쟁, 북벌을 시작한다.

그런데 국민당은 군벌을 제압할 절호의 기회에 공산당을 배반한다. 공산당 당원이 상하이 내부에서 봉기를 일으키면 상하이 외곽을 포위하던 국민당 군대가 호응하기로 했지만, 외세와 자본가 편으로 돌아선 장제스는 오히

ⓒ 중조인민혈의정

려 공산당원을 학살한다. 상하이 쿠데타다. 이 사건을 소재로 한 작품이 앙드
레 말로의 『인간의 조건』이다. 국공합작에 호응해 북벌에 참가했던 김산 또
한 『아리랑』에 기록을 남겼다.

> 북벌군의 승승장구하는 급진격이 한창이었을 때 모든 혁명가가 느꼈던
> 환희와 열광은 지금도 기억해내기도 어려울 정도였다. 화북으로! 그리고
> 한국으로! 우리의 가슴은 미칠 듯이 기뻐 날뛰었던 것이다! (…) 장개석
> 이 지도하는 반혁명군이 일어나 성공이 빤히 바라보이는 바로 승리의 문
> 턱에서 국공분열이 일어났던 것이다. (…) 우리 한국인들은 우리나라 혁
> 명의 지평선 위에 검은 구름이 뒤덮이는 것을 보았으며 이 검은 구름이
> 흩어지는 순간을 내다볼 수가 없었다.

이후 중국공산당은 우창武昌과 광저우에서 봉기를 일으킨다. 1927년 12월

임시정부를 걷다 대한민국을 걷다

● 광저우코뮌열사묘

광저우 봉기 때 목숨을 걸고 참여한 조선 청년이 200여 명, 이 중 150여 명
이 희생되었다. 봉기는 삼일천하로 끝났고 김산을 비롯한 소수의 조선인만
이 광저우를 탈출할 수 있었다. 이 투쟁과 희생을 기린 것이 중조인민혈의정
이다. 이곳 비문은 '중국과 조선 양국 인민의 혈투와 우의는 영원하리라!(中
朝兩國人民的戰鬪友誼萬古長靑)'는 문장으로 조선 청년의 혁명적 열망과 의기
를 기리고 있다.

　당시 시신 대부분은 수습되지 못했다. 그래서 거대한 하나의 봉분에 희생
자를 함께 모셨다. 광저우코뮌열사묘廣州公社烈士之墓다. '公社공사'는 코뮌의 중
국어 번역이다. 이 앞에 서면 그 규모의, 비극의 크기에 압도당한다. 동시에
혁명을 위해, 조국 해방을 위해 이국땅에서 희생한 조선 청년의 역사적 성실
성과 당당함, 휴머니즘에 전율을 느낀다. 묘비명의 '朝鮮等國際戰友조선 등 국제

^{전우}'라는 구절을 동행들은 눈길로 손길로 한없이 쓰다듬는다.

그런데 우리는 이곳에서 다른 비극과 마주한다. 중조인민혈의정 위치를 알리는 표지판에는 이곳을 'Sino-North Korean Friendship Blood Sacrificed Pavillion'이라고 쓰고 있다. 이 기념비가 조성될 당시 중국^{Sino}과 조선민주주의인민공화국^{North Korea}과의 관계, 중국과 대한민국의 관계를 생각하면 이해되지 않는 바 아니지만 씁쓸함을 떨치기 어렵다. 광저우 봉기에서 조선 청년이 헌신했을 때는 나라를 빼앗기었을망정 적어도 남북이 분단되지는 않지 않았던가.

╲　시절을 슬퍼하여 꽃도 눈물 흘리고

임정의 광저우 시기는 짧았고 탈출은 급박했다. 육로로 서진하던 일본군이 바다를 통해 광저우를 침공했기 때문이다. 전연 예상치 못한 상황에서 임정 가족은 위태로웠다. 다행히 엄항섭 선생의 교섭으로 광저우 인근 포산^{佛山}에 머물던 임정 가족은 광저우 함락 직전 극적으로 탈출했다. 양우조 선생의 1938년 9월 19일 『제시의 일기』 기록이다.

> 오후 2시 30분 우리 일행은 불산진으로 향했다. 불산은 광주에서 서쪽으로 약 25킬로미터 떨어진 곳이다. 믿었던 중국군은 일본군에게 연신 대패하며 뒤로 밀렸고, 광동성의 수도 광주의 동산백원에 정착했던 임시정부는 다시 피난을 결정한 것이다.

광저우를 탈출한 임정 가족은 포산에서 싼수이^{三水}까지는 기차로, 싼수이에서는 배를 빌려 류저우로 향했다. 그런데 증기선이 약속을 어기고 떠나 버

리자 임정 요인이 배를 강 양안에서 끌고 타고를 반복해야 했다. 그래서 며칠이면 갈 길을 40여 일 천신만고 끝에 목적지에 닿을 수 있었다. 광저우에서 고속철을 탄 나와 답사 일행은 4시간 만에 류저우에 도착했는데 말이다.

중국에는 이런 말이 있단다. '쑤저우에서 태어나, 항저우에 살며, 광저우에서 먹고, 류저우에서 죽는다.' 쑤저우는 빼어난 인물이 많이 태어난 것으로 손꼽히고 항저우는 풍광이 빼어나며 광저우 음식은 중국 최고 진미다. 그럼 류저우는 무엇으로 유명한 걸까? 류저우에서 자라는 장목樟木이 관을 만드는 재료로 최고란다.

광저우를 급히 떠난 임정 요인과 가족이 반년 동안 류저우에 머문 건 분명

한 사실이다. 그런데 임정 청사로 사용했던 건물은 지금도 추정만 할 뿐 정확한 위치를 모른다. 다만 류저우시가 앞장서 대한민국임시정부 진열관으로 조성한 곳이 있긴 하다. 낙군사樂群社다. 전장에서와 마찬가지로 중국 지방정부가 대한민국임시정부 유적을 발굴, 보존하는 데 적극 나선 것이다.

류저우 시기 임정의 가장 주목되는 활동은 한국광복진선청년공작대를 결성한 일이다. 이 단체는 다양한 문예활동을 통해 중국인의 항일의식을 고취하는 활동을 했다. 한국광복진선청년공작대는 이후 한국청년전지공작대로 개편되고 충칭에서 한국광복군이 창설되자 이에 참여한다. 그러니까 한국광복진선청년공작대는 한국광복군의 전신과도 같다.

류저우에는 이 조직과 관련된 공간이 몇 있다. 그중에서 나는 단체 사진을 찍기 맞춤한 곳을 답사지로 택했다. 당시 사진이 남아 있어 정확한 위치를

임시정부를 걷다 대한민국을 걷다

● 돌편액에 *柳候公園*유후공원이 보인다.

ⓒ 유후공원

확인할 수 있기 때문이다. 1939년 4월 한국광복진선청년공작대가 임정을 따라 치장으로 옮겨가기 전 기념사진을 찍은 유후공원柳候公園이다.

이곳은 현재의 답사를 과거의 역사적 순간에 겹칠 수 있는 흥미로운 장소다. 우리는 80여 년 전 한국 청년이 섰던 자리에 나뭇가지 모양까지 고려해 최대한 비슷한 구도로 사진을 찍었다. 지나가는 중국인이 이상하게 쳐다봐도 부끄럽지 않았다. 이렇게라도 그들을 기억할 수 있어 다행이라는 감격이 일행 모두의 얼굴에 가득했다.

당송팔대가 중 한 사람인 유종원을 기념하는 유후공원, 문학 교사인 나는 고려가요 「한림별곡」과 '肝膽相照간담상조'라는 한자성어를 설명에 덧붙였다. 「한림별곡」 2장에는 중국의 역대 유명한 책이 나열되는데 거기에 '韓柳文集한유문집'이라는 표현이 나온다. '한유와 유종원의 문집' 정도로 해석된다고 배

● '柳州유주'라는 장소와 '一九三九. 四.'라는 날짜가 확인된다.

웠을 것이다.

　'간담상조肝膽相照'의 유래도 한유-유종원과 관계가 있다. 한유가 유종원의 묘비명을 쓰며 이 표현을 처음 쓴 것이다. 유종원이 유주자사로 임명되었을 때다. 그는 변방으로 벼슬살이 가는 친구의 사정을 안타까워하며 자신이 대신 그곳으로 가면 좋겠다는 뜻을 비친다. 친구에게는 봉양해야 할 늙은 어머니가 있었기 때문이다. 얼마 후 유종원이 죽고 한유가 그의 묘비명을 짓게 되는데, 그의 우정에 감동하고 동시에 비정한 세태를 비판하며 이렇게 썼다.

　사람이란 어려운 일을 당했을 때 참된 절개와 의리가 드러난다. 평소에는 서로 그리워하고 같이 술을 마시며 놀고 즐겁게 웃는 것이 마치 간과 쓸개를 내보일 것처럼肝膽相照 하면서 죽는 한이 있어도 우정만은 변치 말

　　　　　　　　　　　　　　　　　　　　임시정부를 걷다 대한민국을 걷다

● 맨 왼쪽 분이 조선의용대 마지막 분대장 김학철 선생의 아들 김해양 선생이다.

자고 맹세한다. 그러나 이해관계가 있으면 언제 봤냐는 듯 외면한다.

대한민국임시정부 기념사업회 회장 김자동 선생의 『임시정부의 품 안에서』에는 류저우 시절에 대한 회고가 있다. 당시 상이군인을 위한 위문공연을 했는데 오희옥 지사도 함께 활동했다는 것이다. 2018년 광복절 기념식에서 '독립군 애국가'를 독창한 분이 오희옥 지사다. 나는 유후공원에서 이 영상을 소개했고, 우리는 나지막이 '독립군 애국가'를 함께 불렀다.

임정의 류저우 시기는 치장綦江 시기로 이어진다. 지금이야 산을 관통하는 고속도로를 이용하면 몇 시간 만에 이동할 수 있지만, 당시 도로 형편은 좋지 않았다. 류저우에서 구이양까지 버스로 이동하고, 구이양에서 다시 버스를 섭외해 치장까지 가야 했다. 그런데 구이양에서 치장으로 가는 길에 난관이 있었다. 72굽이라는 험난한 산길을 넘어야 했던 것이다.

버스비가 없어 출발이 지체되었을 때, 생활비를 아껴 은식기를 구해 두었던 정정화 여사의 지혜와 헌신으로 다시 여정을 시작할 수 있었다던 구이양에 나는 여섯 시간 남짓 머물렀다. 비행기 연착으로 밤늦게 숙소에 도착했고, 다음 날 새벽에 출발했기 때문이다. 임정 요인만큼 급박하진 않았겠으나 방송 역사상 최초로 구이양에서 치장으로 넘어가는 72굽이를 촬영하려면 어쩔 수 없는 강행군이었다. 고속도로 톨게이트에서 '貴陽구이양' 두 글자를 본 것이 답사라면 유일한 답사였다.

구이양을 출발해 치장으로 가자면 우선 쭌이遵義를 통과해야 한다. 쭌이는 중국공산당 혁명사에서 중요한 공간이다. 이곳에서 마오쩌둥은 당권과 군사지도권을 장악했고 이를 기반으로 옌안까지의 대장정을 완수할 수 있었다. 이는 1949년 중화인민공화국 건설이라는 성과를 이어졌다.

임정 요인과 피난을 함께한 정정화 여사가 『장강일기』에서 쭌이를 언급한 건 우연이 아니다. 4년 전 국민당 군대에 쫓겨 이곳을 지났던 중국 혁명가들과 2년여 피난을 계속하고 있는 지금의 임정 요인이 겹쳤기 때문이리라. 윤봉길 의거 직후 시작된 임정의 피난은 중국공산당의 대장정과 규모나 성격에서 많이 다르지만, 임정 요인과 가족이 겪었을 곤고함은 다르지 않았을 것이다.

궤멸 직전의 임정을 지키기 위해 백범은 자싱 남호에서 선상회의를 열었다. 중일전쟁이 발발하자 '호수 위에 뜬 임정'은 다시 장강長江, '강물 위에 뜬 임정' 처지로 피난을 계속했다. 그 어려운 때를 임정 요인과 함께한 정정화 여사가 쭌이를 지났으니 감회가 없을 수 있었겠는가.

내가 탄 차가 쭌이를 지나 72굽이로 향하는 길에는 가을비가 촉촉했다. 임정 요인과 가족들은 늦봄에 이 길을 지났다. 나무를 땔 때 동력을 얻었다던 버

● 72굽이

스에 비하면 디젤로 움직이는 버스로 이동하는 내 여정은 유람에 가깝다. 임
정 가족들의 불안과 고충을 백분의 일이라도 느껴보란 듯 버스는 끝도 없이
덜컹거렸다.

　우리가 72굽이 오를 때 공습 사이렌은 울리지 않았지만, 버스 경적은 끝없
이 들렸다. 그만큼 위태로운 길이었다. 72굽이가 시작되는 정상에 올랐지만
짙은 안개로 되돌아올 수밖에 없었다. 점심을 먹고 안개가 걷히길 기다려 고
지전에 임하는 비장한 각오로 다시 올랐지만 안개도시 충칭으로 향하는 고
갯길은 안개 장막을 쉽게 열어 주지 않았다. 나는 김자동 선생의 회고를 떠
올렸다.

　　특히 귀양에서 기강까지 가는 중간에는 몹시 험준한 산길이 있었어요.
　　자동차가 뱀처럼 꾸불꾸불한 이 산길을 내려가는데, 커브가 심할 적에는

• 『오마이뉴스』 김경준 시민기자 사진으로 72굽이를 넘지 못한 아쉬움을 달랜다.

한 번에 돌지 못해 조수가 나뭇가지를 갖고 있다가 내려가서 얼른 바퀴에 나뭇가지를 찔러 넣었지요. 그런 데가 여러 군데 있었던 것 같고, 어떤 데는 사고가 나서 사람이 죽었다는 비석이 서 있었고, 아무튼 상당히 험준한 산길이었지요.

중국인 운전기사를 수차례 설득했지만 소용없었다. 이 고개를 넘어야 한다면 계약을 해지하고 돌아가겠다고 했다. 고갯길 정상에서 치장으로 향하는 내리막길을 한참 내려다보고, 흐릿한 풍경만을 찍던 우리는 결국 길을 되짚어 내려올 수밖에 없었다. 안개에 묻힌 굽이치는 고갯길, 이는 위기의 대한

임시정부를 걷다 대한민국을 걷다

민국임시정부를 은유하는 것 같았다. 결국 촬영팀과 나는 고속도로를 이용해 치장으로 향할 수밖에 없었다. 72굽이가 타고 넘는 산을 관통하는 고속도로에는 임정 요인의 마음만큼 침침한 터널이 길게, 그리고 자주 이어졌다.

임정 요인과 가족이 치장에 도착하자 당시 치장의 3대 장원 중 하나인 삼대장三臺莊 주인이 기꺼이 집을 내준다. 그러면서 고시를 좋아했던 주인장은 임정 요인에게 시 한 수 읊어 주기를 청했다. 그러자 임정 외무부장 조소앙 선생이 두보의 「춘망」을 나지막이 읊조린다. 학생 때 배우고 교사가 돼 가르치면서도 별 감흥이 없던 이 시가, 나라를 잃고 타국의 그 먼곳까지 밀려간 독립운동가가 어떤 심정으로 읊었을지 생각하니 참으로 눈물겨웠다.

나라는 망했어도 산하는 그대로인데,
성안은 봄이 와 초목은 무성하구나.
시절을 슬퍼하여 꽃도 눈물 흘리고,
한 맺힌 이별에 나는 새도 놀라는구나.

임정 요인은 치장에서 약 1년 반을 지냈다. 치장 시기 가장 안타까운 일은 당시 임정 주석이던 석오 이동녕의 순국이었다. 대한제국 시기에 비밀결사 신민회 활동으로 망국을 막으려 했고, 나라가 망하자 서간도로 망명해 신흥강습소 초대 소장을 지냈으며, 상하이에 임시정부가 생기자 임시의정원 초대 의장을 역임한 독립운동의 큰 어른이었다. 석오 선생의 마지막 당부는 좌우로 나뉜 독립운동 단체의 통합이었다.

다행히 치장에는 이동녕 선생의 거처가 남아 있었다. 부정확한 주소 탓에 많이 헤맸지만 원망스럽지 않았다. 선생의 거주지 좌우 뒤로는 재개발로 인해 큰 건물이 들어섰지만, 소박한 건물은 옛 모습 그대로 보존돼 있다. 이렇

게라도 남아 있어 얼마나 다행인지 모르겠다고 제자에게 몇 번이고 이야기
했다. 이동녕 선생은 해방 후 서울 효창공원 임정 요인 묘역에 영면했다.

4

피 흘리신 보람
찬란히 돌아오시니

충청 시기와 환국

▶ PLAY
대한민국임시정부 100주년 기념
YTN 특집 다큐멘터리 '다시 걷는 독립대장정' 4

다시 오진 못하는
파촉 삼만 리

＼　　어떻게 내 아들만 돌보겠느냐

나는 대한민국임시정부가 해방을 맞은 충칭을 꼭 한번 가보고 싶었다. 기회
는 베이징에서 파견교사로 근무할 때 왔다. 연휴를 이용해 충칭을 다녀오기
로 했다. 그런데 베이징 수도공항에서 이륙한 비행기는 3시간이 넘도록 착륙
할 줄 몰랐다. 중국이 얼마나 넓은지 제대로 경험한 셈이다. 같은 나라인 베
이징에서도 이렇게나 먼데 한국과의 거리는 더 말할 나위도 없다.

　충칭은 멀기만 한 곳이 아니다. 도시 면적은 우리나라보다 조금 작은 정도
고, 품고 있는 인구 또한 상식 이상이다. 중일전쟁 시기 30만이던 충칭 인구
는 2018년 3천만 명을 넘어섰다. 세계 최대의 메가시티인 것이다.

　충칭은 무도霧都, 안개의 도시이기도 하다. 중일전쟁 시기 충칭이 임시 수
도로 정해진 이유다. 나는 봄과 가을, 두 번 충칭을 답사했는데 답사 기간 중

● 안개 도시 충칭

단 하루도 맑은 날이 없었다. 다큐 촬영차 방문했던 때의 충칭을 특히 잊지 못한다. 늦가을의 쨍쨍한 햇빛도 종일 힘을 쓰지 못하던 실루엣의 도시, 일몰 촬영을 위해 올랐던 남산南山에서 바라보는 충칭은 그야말로 안개의 진군에 포위된 도시였다. 충칭을 가로지르고 휘감아 흐르는 장강과 가릉강嘉陵江이 만나는 두물머리는 결국 보지 못했다.

이렇듯 충칭은 실질적으로도 정서적으로도 매우 멀고 희미한 곳이다. 이곳에 백범을 비롯한 일부 요인은 미리 와 있었지만, 치장을 떠난 임정 요인과 가족은 1940년 여름에야 도착한다. 중일전쟁에서 중국은 대륙의 서쪽 구석까지 밀려왔고, 동남아시아까지 진출한 일제의 기세는 '대동아공영'을 눈앞에 두고 있던 때다.

모든 상황이 최악으로 치닫고 있었지만, 임정 요인은 비관하거나 절망할 여유조차 없었다. 전열을 정비한 1941년 11월, 해방 이후를 준비하며 건국강령을 발표한다. 그리고 일본의 진주만 공습으로 태평양전쟁이 발발하자 '대일선전성명서'를 내고 연합군의 일원으로 참전하고자 노력했다.

충칭 답사는 대부분 토교土橋에서 시작한다. 치장과 충칭의 중간 지대인 이곳에는 임정 요인 가족이 정착했다. 싼 물가와 공습을 피하려는 목적 때문이었다. 이곳에서 생활했던 이들의 증언에 따르면 토교는 매우 아름다웠고 특히 고국의 산천을 닮았었단다. 이곳 시냇물은 화탄계花灘溪라 불릴 만큼 깨끗했다는 것이다. 『제시의 일기』 묘사다.

> 토교의 한인촌은 마을 전체가 대나무밭으로 둘러싸여 있고 시내도 흐르고, 그 주위가 사시사철 나무가 우거져 있어 무척 아름다운 풍경을 자아내고 있었다.

임정 가족은 이곳에서 채소를 재배하며 오랜 피난 시기의 육체적, 정시적 피로를 풀 수 있었다. 그런데 이 시기 가장 아름다운 건 자연이 아니라 사람이었다. 전쟁의 위험 속에서도 아이들을 위한 유치원을 개원한 것이다. 유치원 이름은 '3·1유치원'이다.

대한민국임시정부가 처음 세워진 상하이에서 인성학교를 세웠던 선열들은 충칭에서도 유치원을 만들어 다음 세대를 교육했다. 중국에서 태어나 우리말이 서툰 아이들에게 우리말과 우리글을 가르쳤다. 우리 독립운동사는 보황주의, 민족주의, 사회주의, 아나키즘 등의 계열로 나뉘고 다시 수많은 계파로 분열했다. 하지만 공통점도 있었다. 그중 교사인 내게 가장 인상적인 것은 언제 어디서든 교육을 중시한 점이다.

그러나 지금의 토교는 당시와 달라도 너무 다르다. 조폭 영화에나 등장할 법한 폐허가 된 공장이 지역 전체를 점령하고 있다. 화탄계는 여전히 흐르지만, 가까이 가면 악취가 날 정도의 더러운 물로 변했다. 아주 오래된, 지금은 사람이 살고 있지 않는 집 한 채와 누군가 일군 채소밭이 당시 토교 동포들의 생활을 겨우 짐작하게 한다.

그리고 '韓人村旧址한인거주옛터'라고 새겨진 표지석이 하나 있다. 표지석 뒤로는 한때 비바람을 막아 주었을 담만 덩그러니 남았다. 그러나 허망함보다 더 어이없는 일이 있었다. 어떤 답사객들이 놓고 갔는지 하얀 국화 다발이 표지석 앞에 놓여 있었다. 이곳은 추모의 장소가 아니라 망국과 전쟁 중에도 삶을 꿋꿋이 일궈 간 선열들의 긍지의 공간이지 않은가.

충칭 일대의 옛 이름은 파촉巴蜀이다. 이 지명은 「귀촉도」로 우리에게 익

　　　　　　　　　　　　　　　　　　임시정부를 걷다 대한민국을 걷다

● 곽낙원 여사와 김인 선생의 묘소

숙하다. 이 시에서 죽음으로 인한 시간의 단절은 공간의 간극으로 형상화된
다. '진달래 꽃비 오는 서역 삼만 리'와 '다시 오진 못하는 파촉 삼만 리'의 저
승길 언저리 어디쯤이 지금의 충칭이다. 옛사람에게도 이곳은 물리적으로도
정서적으로도 세상의 끝이었나 보다. 그래서일까. 이곳에서 적잖은 독립투
사가 조국 해방을 보지 못하고 세상을 떠났다.

　가장 가슴 아픈 사연은 백범의 맏아들 김인의 죽음이다. 임시정부가 수립
된 상하이에서 아내를 잃은 백범은 해방을 맞은 충칭에서는 아들을 잃었다.
당시 폐결핵은 난치병이었는데, 특효약인 페니실린을 구하기가 힘들었다.
안중근 의사의 조카이자 백범의 며느리인 안미생은 시아버지 백범에게 약을
구해 달라고 간절히 요청한다. 백범의 대답이다.

아가야! 인의 병이 심하니 나 역사 마음 아프단다. 그러나 임시정부의 많은 동지들이 중병을 앓을 때에도 나는 그들을 치료할 돈을 쓸 수 없었다. 정부의 주석으로서 내가 어떻게 내 아들만 돌보겠느냐?

1940년 치장에서 세상을 떠난 임시의정원 초대 의장 석오 이동녕을 백범은 떠올렸던 것일까. 제때 치료를 받지 못한 김인은 목숨을 잃었고 할머니 옆에 묻힌다. 백범의 어머니 곽나원 여사 또한 1939년 충칭에서 세상을 떠났던 것이다. 백범은 어머니와 아들의 시신을 환국 3년 후인 1948에야 수습할 수 있었다. 현재 두 분은 대전 현충원에 나란히 영면해 있다.

안타까운 사연은 더 있다. 해방을 맞고도 고국으로 돌아오지 못한 동암 차리석. 선생은 1945년 9월 9일, 그러니까 해방을 맞은 지 채 한 달이 못 돼 충칭에서 세상을 떠났다. 김자동 선생이 '바늘과 실'이라고 불렀던 이동녕 선생을 이국땅에 홀로 남겨 두고 가지 못해서였을까. 1942년 충칭 한중문화협회 다회 때 저우언라이가 한 강연을 생각하면 환국하지 못한 선열들의 죽음이 더욱 안타깝다.

한국인들은 능히 피를 흘려 중국을 도왔기 때문에 해방을 맞이할 수 있을 것이다. 나아가 그들의 피는 흘러 흘러 그들 자신의 조국으로 흘러들어갈 것이다. 우리는 머지않은 장래에 한국의 지사들이 모두 고국으로 돌아가 한국의 자유와 독립을 실현할 수 있기를 희망하는 바이다.

나는 다큐 제작팀에게 곽낙원 여사와 차리석 선생을 비롯한 임정 가족과 요인이 묻혀 있었다는 화상산을 촬영하자고 강권했다. 우리는 '국외독립운동사적지'에 적힌 주소를 찾아 2시간여를 헤맸다. 충칭의 특이한 도로 체계 때문에 장강을 몇 번이나 건넜는지 모른다. 그러나 아파트 단지로 개발된 화상산을 조망할 장소는 위험한 도로 갓길뿐이었다. 아파트가 들어선 산언덕 아래가 묘지터로 추정되긴 했지만 확신할 수 없었다.

GPS와 드론 등 최첨단 기기도 무용지물이었다. 사라진 곳 대부분은 사람들이 사는 곳이었다. 산으로 산으로 기어오르는 현재의 팍팍한 삶이 과거를 지우는 건 당연한 일인지도 모른다. 산다는 것의 지엄함을 떠올린 건 내 정서적 과장이었겠지만, 임정 요인의 위태로운 피난살이를 생각하면 엉뚱하기만 한 마음의 갈피는 아니었으리라. 그러면서 당대를 전혀 달리 산 이에게 생각이 미쳤다.

나는 충칭을 설명하면서 「귀촉도」를 인용하고 싶지 않았다. 이 시가 발표된 1943년, '파촉'의 중심 충칭에는 대한민국임시정부가 있었다. 서정주가 임과 이별한 여인의 정한을 노래하고 있을 때, 충칭에는 임정을 간신히 지탱하며 해방을 위해 피눈물을 흘리는 이들이 있었다. 그는 이 사실을 몰랐을까, 모르는 척했을까? 알았다면 그다음 해 「마쓰이 오장 송가」라는 해괴한 작품을 어떻게 발표할 수 있었을까? 가미카제 특공대로 개죽음 당한 조선 청년을 미화한 걸 어찌 시라고 발표할 수 있었을까?

↘ 잊지 않겠습니다, 이어가겠습니다

충칭의 대표적인 임정 유적은 연화지蓮花池 청사다. 그러나 이곳이 충칭의 유일한 청사는 아니었다. 상하이 시기만큼은 아니더라도 충칭 시기 임정도 세 번이나 청사를 옮겼고 연화지 청사가 마지막 청사다. 첫 번째, 두 번째 청사는 일제의 폭격으로 파괴되었고, 세 번째 청사는 도시 재개발로 사라졌다.

연화지 이전 청사인 오사야항吳師爺巷 청사 표지석 사진과 주소는 남아 있

다. 그래서 나는 답사 때마다 이곳을 찾았지만 결국 위치를 확인하지 못했다. 오사야항 청사 위치를 찾는 정처 없음이 꼭 나를 닮아 난처했다. 나는 왜 이곳에 가보고 싶었던가? 오사야항에서 김구 선생이 『백범일지』 하편을 썼기 때문이다.

백범은 해방 후 『백범일지』를 출간할 때 '유서 대신으로 쓴 것이 이 책의 상편'이고 하편 '역시 유서라 할 것'이라고 썼다. 1929년 5월 3일 탈고한 상권을 쓰던 상하이 시기는 '죽자꾸나 시대', 하권을 쓰던 충칭 시기는 '죽어가는 시대'로 대비했다. 그런 백범의 절망과 그럼에도 포기할 수 없는 조국 독립에의 염원을 조금이라도 느껴 보고 싶었기 때문이다.

　　　　　　　　　　　　　　　　임시정부를 걷다 대한민국을 걷다

　충칭 연화지 청사를 처음 찾았을 때의 감격을 잊을 수 없다. 오른쪽에서 왼쪽으로 적힌 '부정시림국민한대'도 낯설지 않았고, 말끔히 정돈된 청사 곳곳도 이국의 휴양지처럼 근사했다. 중앙 계단을 사이에 두고 양쪽으로 배치된 다섯 동의 건물에는 모두 21개의 방이 있는데, 임정 요인이 사용하던 당시의 쓰임새대로 복원되어 있다.

　나는 입구에 한참 서서 사진 한 장과 한 편의 글을 떠올렸다. 해방을 맞아 임정 요인들이 태극기를 손에 들고 찍은 기념사진. 망국 36년을 견디고 임시정부 27년을 수호하며 요인과 가족이 외롭게 버티던 이곳 충칭에서, 해방을 맞아 사진기 앞에 섰을 때 선열들의 마음은 어땠을까.

● 이곳에서 찍은 사진이 다큐멘터리 포스터가 되었다.

그리고 다시 한 장의 사진이 역사에 남았다. 대한민국 대통령 최초로 연화
지 청사를 공식 방문했던 문재인 대통령이 임정 요인 후손, 정부 요인과 함
께 같은 공간에서 같은 구도로 찍은 사진이다. 이후 많은 이들이 충칭 연화
지 임정 청사 계단에 서보고 싶어 했다.

나는 대한민국임시정부 수립 100주년 특집 다큐멘터리 촬영을 이곳에서
마무리했다. 두 명의 제자는 단정하게 교복을 입었고 나 또한 여느 답사와는
달리 준비해 간 재킷을 입었다. 우리가 촬영을 마친 후에는 담당 프로듀서와
카메라 감독과도 기념촬영을 했다. 제작진도 이곳에서만은 꼭 기념사진을
찍고 싶다고 했다. 이런 적이 처음이라는 제작진의 말에 그 마음이 이해돼

다 같이 뭉클했던 순간을 잊을 수 없다. '잊지 않겠습니다, 이어가겠습니다.' 라는 다큐 마지막 카피처럼.

그러나 연화지 청사 계단이 해방과 환국으로만 기억되는 건 아니다. 1945년 1월 50여 명의 청년이 연화지 청사를 찾아온다. '장정長征'의 주인공 김준엽 선생과 '돌베개' 장준하 선생을 비롯한 학병 출신 조선 청년이었다. 일본 유학 중 강제 징집돼 일본군으로 중국에 배치된 이들은 목숨을 걸고 탈출했다. 그리고 6,000리, 그러니까 한반도 전체를 왕복하는 거리를 걸어 충칭 임시정부를 찾아온 것이다.

한국광복군 총사령 지청천 장군은 '동지들은 총사령관인 나보다 훌륭하오.'라는 말로 격려했다. 곧이어 임정 요인을 대동한 임정 주석 백범이 청사 입구에 나타난다. 그러곤 국내로부터 온 청년들을 보니 마치 고국산천에 돌아온 것 같은 생각에 북받쳐 오르는 감회를 이기기 힘들다는 짧고 강렬한 인사말을 전한다. 저녁 환영식장에선 '여러분 자신들이 한국의 혼입니다.'라며 벅찬 감정을 숨지지 않았다.

> 오늘 오후 이 임정 청사에 높이 휘날리는 태극기를 바라보고 우리가 안으로 울음을 삼켜가며 눌렀던 감격, 그것 때문에 우리는 6천 리를 걸어왔습니다. 그 태극기에 아무리 경례를 하여도 손이 내려지지를 않고 또하고 영원히 계속하고 싶었습니다. 그것이 그토록 고귀한 것인가를 지금도 생각하고 있습니다.

장준하 선생의 이 답사에 백범이 참고 참았던 울음을 터뜨렸고 임정 요인과 청년들이 모두 통곡한다. 환영회가 졸지에 '통곡의 바다'가 돼 버렸지만 누구도 말리려 들지 않았단다. 그 먼 길을 목숨 걸고 찾아와 준 고국 청년에 대한 대견함과, 중국의 서쪽 변방까지 밀려와서도 조국광복을 위해 헌신하는 노투사들에 대한 존숭이 뒤섞인 울음이었을 것이다.

연화지 청사에 대해서는 자세히 설명하지 않는다. 다만 충칭 임정 시기를 짐작할 수 있는 공간 하나만 소개한다. 청사의 맨 위 구석에는 U자를 뒤집어 놓은 모양의 문이 있고 주변은 돌로 단단하게 쌓여 있다. 현재는 출입이 통제된 이곳은 공습에 대비한 방공호 출입구다.

『제시의 일기』를 만화로 재해석한 『제시이야기』에는 난징을 탈출해 여러 피난지를 거쳐 충칭에 이르는 험난한 여정이 고스란히 담겨 있다. 그런데 이동 시기와 충칭 시기에 가장 많이 등장하는 그림이 '애앵' 하는 공습경보에 이은 일본군의 폭격 장면이다.

1941년 6월 5일 충칭에 대규모 공습이 있었다. 이때 방공호로 대피한 1400여 명이 질식해 사망하는 사건이 발생한다. 지금도 6월 5일이면 공습경보를 울려 당시 희생자를 추모한다는 사실만 보아도 당시 충칭의 일상이 얼마나 위험하고 위태로웠는지 짐작할 수 있다. 임정 요인과 가족들에게 일상적 위협은 가난과 공습이었다. 공습이 오늘을 기겁하게 했다면 가난은 내일을 한숨짓게 했으리라.

참혹한 역사도 기록되어야 하기에 한 가지 사실을 밝혀 둔다. 첫 번째 연화지 청사 답사 때 감격스러운 기분을 잡친 일이 있었다. 청사 내부를 둘러보던 중 임정 요인 누군가의 유묵인가 싶어 살핀 액자에는 '大韓民國第十二代大統領全斗煥대한민국제12대대통령전두환'이라고 쓰여 있었다. 광주 시민을 학살하고 권력을 찬탈한 독재자가 괴발개발 '愛國丹心애국단심'이라고 썼으니 참담한 일이다. 그것도 조국광복을 위해 평생 풍찬노숙한 임정 요인의 자취가 남은 이곳 충칭 대한민국임시정부 청사에 말이다.

시간이 넉넉지 않은 답사객이라도 연화지 청사와 함께 꼭 방문하는 곳이

● '重慶大轟炸慘案遺址중경대굉작참안유지'는 '충칭대공습참사유적지' 정도의 뜻이다.

한국광복군 총사령부다. 대한민국임시정부 산하 한국광복군은 1940년 충칭 가릉빈관嘉陵賓館에서 성립 전례식을 열고 창설된다. 그러나 부대는 곧 전선이 가까운 시안西安으로 이동한다. 그러다 1942년 다시 충칭으로 총사령부를 옮기는데 그때 사용했던 건물이 지금도 남아 있는 것이다.

이곳은 2014년 말 한국 언론에 자주 오르내렸다. 중국 정부가 비용까지 부담해 이곳을 복원하기로 결정했기 때문이다. 이 기사를 별 감흥 없이 읽었던 나는 현장을 답사하곤 깜짝 놀랐다. 이곳이 세계 최대의 도시 충칭의 한복판이자 가장 번화한 곳인 해방비解放碑 거리 인근이었기 때문이다. 왜 중국 정부가 원래 자리에 복원하지 않고 '변두리'인 연화지 청사 인근으로 이전 복원하겠다고 했는지 이해가 되었다.

이곳을 처음 답사한 2015년 총사령부로 쓰이던 건물은 폐허 수준으로 방

● 복원을 위한 가림막에 '한국광복군총사령부 옛터'라는 뜻의 중국어가 쓰여 있다.

치돼 있었다. 그러나 2018년 재방문했을 때 나는 감격으로 목이 메어 제자들 앞에서 한참 동안 말을 잇지 못했다. 복원을 위해 설치한 가림판에 '重庆韩国光復军总司令部旧址중경한국광복군총사령부구지'가 가득했기 때문이다.

나는 또 카메라 감독에게 생떼를 썼다. 가림막 안쪽 공사 현장을 촬영하자고. 그러나 충칭 시내 한복판인 이곳에서 드론 촬영은 불가능했다. 우리는 인근 고층빌딩 맨 꼭대기층으로 올라갔다. 한 층씩 내려오면서 무작정 복원 공사장 쪽 사무실에 들어가 사정을 설명하고 촬영을 부탁했다. 세 번의 도전 끝에 허락을 받았다. 27층 사무실 직원이 배려한 촬영 시간은 5분. 그날 촬영한 영상은 다음날 특종 뉴스로 방영되었다.

임시정부를 걷다 대한민국을 걷다

한국광복군
총사령부

2019년 3월 29일 충칭 한국광복군 총사령부 기념관이 개관했다. 당시 이낙연 국무총리가 복원 기념식에 참석해 중국 정부에 고마움을 전했다. 탕량즈 충칭 시장은 한국광복군 총사령부 건물이 '충칭시의 고귀한 항일투쟁의 역사 유산'이며, '중한 양국 국민이 함께 풍파를 이겨 냈다는 역사의 증거'라며 축하 인사를 했다.

＼ 대한민국의 번영과 부강은 독립지사의 희생과 맞바꾼 것

충칭 임정 관련 유적지가 보존, 복원된 데는 숨은 사연이 있다. 세계 최대 인구를 자랑하는 충칭은 재개발이 계속될 수밖에 없다. 중심지인 한국광복군 총사령부 부지뿐만 아니라 도심에서 조금 벗어난 연화지 청사도 재개발을 피할 순 없었다. 이를 막고 두 곳 모두 복원될 수 있도록 한 분이 있다. 이달 선생의 딸 이소심 여사다. 이 여사는 이러한 공로로 제18회 KBS 해외동포상 특별상을 수상했다.

나는 수상 직후 여사를 뵐 수 있었다. 그런데 독립운동가 이달 선생에 대해 나는 완벽히 무지했다. 최소한의 예의를 갖추고자 이달 선생에 대해 벼락치기 공부를 했다. 일본 와세다대학에서 유학한 엘리트로, 망국 전에는 백야 김좌진 장군과 함께, 1920년대에는 우당 이회영 선생의 지도를 받으며 아나키즘 계열 항일투사로, 임정 피난기에는 창사의 동포 학교 교장으로, 중일전쟁 중에는 조선의용대 대원으로, 충칭에서는 임시정부에서 항일투쟁에 헌신했다는 것이 대략의 내용이었다.

이소심 여사의 삶은 항일투쟁에 버금가는 고난의 연속이었다. 해방 직전 아버지, 어머니가 모두 세상을 떠나 고국으로 돌아올 수 없었다. 고아로 자랐지만 최선을 다해 공부했고 최고가 되려 했다고 여사는 힘주어 말했다. 의사가 된 후 문화혁명 시기에는 탄압받는 중국의 지도적 인물을 도왔고 그런 인연으로 이 여사는 충칭시 정치협상회의 의원을 역임하기도 했다.

이소심 여사는 자신의 사회적 지위를 적극 활용해 한국광복군 총사령부가 원래 자리에 복원될 수 있도록 힘을 쓴 것이다. 그전에는 연화지 임정 청사 복원에도 결정적 역할을 했다. 그때는 대한민국이 중화인민공화국과 수교 전이었다. 그래서 연화지 청사가 재개발로 사라질 상황이 국내에 알려지지 않았다. 여사는 온갖 방법을 동원해 이 사실을 대한민국 정부에 알렸고, 그런 노력을 바탕으로 두 나라 수교 이후인 1995년 연화지 청사가 복원될 수 있었다.

임시정부를 걷다 대한민국을 걷다

● 이소심 여사

　여사는 또한 유년시절에 뵈었던 임정 주석 백범을 중국에 알리는 일에도
앞장섰다. 1994년 중국판 『백범일지』 출판기념식을 베이징 인민대회당, 중
화인민공화국의 정치적 '심장'에서 연 것이다. 이때 여사는 대한민국 정부는
물론 조선민주주의인민공화국에도 협조를 요청했단다. 백범이 남북 모두를
위해, 그리고 두 나라의 통일을 위해 일한 애국지사라고 생각했기 때문이었
다. 하지만 아쉽게도 그해 여름 김일성이 사망하면서 북쪽 관계자는 기념식
에 참석하지 못했다고 한다.

　이소심 여사는 1939년 10월 9일 중국 구이린桂林에서 태어났다. 그런데 다
음 날인 10월 10일은 조선의용대가 창설 1주년을 맞은 날이었다. 기념식에
참가한 아버지 이달 선생은 자신이 딸을 얻었다고, 아빠가 되었다고 동료들
에게 자랑했다고 한다. 조선의용대 대원으로 기관지 『조선의용대』의 편집자

● 오른쪽이 이달 선생, 왼쪽이 약산 김원봉이다. 아래에는 '朝鮮義勇隊創立壹週年紀念於桂林조선의용대 창립 일주년 기념 어 계림 一九三九. 十月. 十日'이라고 쓰여 있었다.

였던 이달 선생은, 한국광복군이 창설되자 백범의 요청으로 한국광복군 선전지 『광복』의 편집도 맡는다. 충칭에서 독립운동 좌우 진영 통합의 기수가 된 것이다.

이소심 여사는 1992년 처음 한국을 방문한다. 아버지 이달 선생을 포함한 독립운동가 열세 분이 뒤늦게나마 서훈을 받았기 때문이다. 그때 한 분을 제외하고는 모두 아버지와 함께 독립운동을 했던 분들이라며, 회상하는 눈빛에 자부심이 가득했다.

당시 김준엽 선생이 이 여사를 반갑게 맞아주었다고 한다. 그리고 소박하다 못해 초라한 여사의 입성을 보곤 몸에 걸치는 모든 것을 사주시면서 격려했단다. 독립기념관 관장이던 안춘생 선생도 동지였던 이달 선생의 딸을 해방된 조국에서 살아서 만나 기쁘기 그지없다고 몇 번이고 말씀하셨다고, 그

임시정부를 걷다 대한민국을 걷다

렇게 따뜻하게 자기를 맞아주었다고 여사는 회상했다.

이소심 여사는 그때 처음으로 한국 음식을 먹어 보았다고 했다. 그런데 평생 그 음식을 먹어 왔던 것처럼 입맛에 딱 맞아 자신도 신기하더란다. 지금도 가장 좋아하는 음식이 배추김치라고 했다. 이소심 여사 며느리도 시어머니를 닮았는지 최근 두 분의 가장 큰 즐거움은 한국 믹스 커피를 마시며 한국 드라마를 보는 것이라고 웃으며 말했다.

다큐멘터리 제작팀은 마지막 촬영을 여사와의 대담으로 잡았다. 3년 전 무턱대고 뵙기를 청했던 고등학교 문학 교사가 자신이 가장 신뢰하는 한국 방송국과 다시 왔다며 나를 반겨주셨다. 나는 이소심 여사와의 약속을 그제야 지킬 수 있었다. 여사께 정성스럽게 사인해 졸저 『그들을 생각하면 눈물이 난다』를 드렸다. '그들'에는 아버님 이달 선생과 약산도 포함된다고 덧붙였다.

대담 중에 이소심 여사는 대한민국임시정부 100주년이 되는 2019년에 꼭 한국에 머물고 싶다고, 그러면 감회가 남다를 거라며 여러 번 말씀하셨다. 당연히 정부에서 초청할 것이라고 말씀드렸더니 재미있는 이야기를 하나 더 전해주셨다. 문재인 대통령이 연화지 청사를 방문했을 때 이 여사께 그러셨단다. "여사님, 꼭 제 오른쪽에 서 계십시오." 나는 여사께 마지막으로 한국 학생과 청년에게 당부하고 싶은 말씀을 부탁드렸다.

나라의 광복과 독립을 위해 수많은 지사들이 자신의 생명을 희생했습니다. 대한민국의 번영과 부강은 그들의 희생과 맞바꾼 것입니다. 우리 후예들이 역사를 잊어서는 안 되며 선열들의 의지를 계승하여 한국의 번영과 부강을 위해 공헌해야 합니다.

대한민국임시정부
군무부장
약산 김원봉

＼ 나 밀양 사람 김원봉이오

내가 충칭을 답사하고 싶었던 또 다른 이유가 있었다. 연화지 임정 청사 못
지않게 확인하고 싶었던 곳은 조선의용대 대장 약산 김원봉의 거처다. 독립
운동사가 한국 현대사의 주류가 되지 못한 대한민국에서, 독립운동사 중에
서도 임정 중심의 민족주의 계열의 역사만 겨우 명맥을 유지하는 대한민국
에서, 거의 사라진 조선의용대 역사처럼 충칭에 남은 약산의 흔적도 희미하
다고 했다. 그렇기에 더 가보고 싶었는지 모른다.

　최근 서훈 논란으로 많이 알려졌지만, 김원봉 장군을 대중에게 널리 알린
것은 「암살」과 「밀정」 두 영화다. 두 작품의 관객 수를 합치면 2천만 명이 넘
는다니 이제 대한민국 국민이라면 김원봉의 이름 정도는 알게 되었다. 특히
「암살」에서 배우 조승우의 대사, "나 밀양 사람 김원봉이오."는 한국 현대사

에서 악마나 유령 같던 약산을 온전한 한 인물로 복권하는 역할을 했다.

그런데 두 영화에서 약산이 등장하는 배경과 지위를 정확히 구분하는 이는 많지 않다. 「밀정」은 1923년 의열단 김시현 선생과 황옥 경부가 주도한 폭탄 반입 사건을 소재로 하기에 약산이 등장하는 장소는 상하이다. 이때는 1919년 결성된 의열단이 가장 왕성하게 활동하던 시기로 약산은 의열단 의백이었다. 약산은 이때 박재혁의 부산, 최수봉의 밀양 경찰서 투탄, 김익상의 조선총독부 파괴와 상하이에서의 다나카 기이치 처단 의거 등을 지도하며 의열투쟁의 최정점에 선다.

그럼 「암살」은 어떨까. 영화에는 흑백 영상을 보던 이들이 환호하는 장면이 있다. 일제의 항복을 알리는 뉴스였기 때문이다. 이때 약산은 홀로 외딴 공간에서 술잔에 술을 따르고 불을 붙인다. 그리고 의열투쟁으로 먼저 간 동지를 추모하는데 이때 백범이 등장한다. 당시 약산은 대한민국임시정부 군무부장으로 충칭에 있었다.

첫 번째 답사 때 나는 '국외독립운동사적지'에 올라 있는 주소 한 줄, '重慶市南岸区弾子石大佛段正街172号중경시남안구탄자석대불단정가172호'만으로 약산 거처를 찾았다. 택시 기사에게 주소를 보여주자 고개를 저었다. 나는 막무가내로 택시에 타 아는 데까지만 데려다 달라고 떼를 썼다. 어이없는 표정으로 한참을 쏘아보던 기사는 장강을 가로지른 다리를 건너 달리기 시작했다. 임정 요인 거주지와 조선의용대 대원의 주거지가 강을 사이에 두고 나뉘어 있었다는 기록이 떠올랐다.

애초 정확한 위치를 몰랐으니 길을 헤매는 기사를 탓할 순 없었지만 저무는 해를 보니 속이 바짝바짝 탔다. 우여곡절 끝에 대불단大佛段 거리 초입에서 택시는 멈췄다. 어둑해지는 거리를 보니 절로 걸음이 빨라졌다. 어두워지면 주소를 확인하기 어렵기 때문이다. 우리나라 지방 소도시의 허름한 시장

● 사진 중앙의 파란색 간판이 '동윤각대약방'이다.

터와 닮은 시장 인근을 뛰어다니며 주소를 확인했다. 그러다 파란색 간판에 금색으로 '桐尹閣大藥房동윤각대약방'이라 쓰인 곳에 우뚝 섰다. 오른쪽 기둥에 '大佛段正街172号대불단정가172호'라 쓰인 표지판이 있었기 때문이다.

셔터가 내려진 가게 앞에 한참을 멍하니 서 있었다. 예상은 했지만 약산이 이곳에 살았다는 흔적은 완벽하게 부재했다. 닫힌 가게 문을 두드려 묻고 싶었지만 가게 주인이라고 70여 년 전 일을 알 리 만무했다. 허망한 마음을 달래려 열심히 사진을 찍었다. 미국에 산다는 약산 후손의 부탁이라도 푸짐하게 들어주고 싶었기 때문이다.

떨어지지 않는 발걸음을 옮기던 나는 기어코 시장 초입의 좌판에 자리를 잡았다. 그냥은 도저히 숙소로 돌아갈 수 없어 노상에서 충칭식 꼬치에 미지근한 맥주를 마셨다. 지인과 나 두 사람의 술잔 외에 하나를 더 청해 약산의

임시정부를 걷다 대한민국을 걷다

● 약산 거처의 시장 초입, 충칭식 꼬치를 파는 난전이다.

거주지가 있는 쪽으로 놓고 술을 따랐다. 약산도 종종 조선의용대 대원과 이렇게 술 한잔했겠지, 그렇게 상상하며 취했다.

두 번째 답사 때는 길을 헤매진 않았지만 마음은 더 심란했다. 시장 초입이 철거되고 있었기 때문이다. 주변 상인 말로는 2019년이면 이곳 모두 재개발된다고 했다. 2015년에 잡화를 팔던 약산의 거처는 2018년에는 옷을 팔고 있었다. 이렇게라도 남아 있길 바라지만, 다신 약산의 거처를 볼 수 없으리라.

충칭 약산 거처를 갈 때마다 나는 늘 한 사람을 더 생각했다. 이곳에서 세상을 떠난 약산의 부인 박차정 여사다. 근우회에서 활동하던 박차정 여사는 중국으로 망명한 후 약산과 결혼한다. 그리고 약산이 주도한 의열단, 조선혁명군사정치간부학교, 조선민족혁명당, 조선의용대에서 당당하고 동등하게 항일투사로 활동했다. 그러다 해방 일 년 전 이곳에서 세상을 떠났다.

해방 후 약산은 부인의 유해를 조국으로 봉환하고, 자신의 고향 밀양에 손수 묘를 쓴다. 박차정 여사 묘소 앞에서 "누님! 김학철이 왔습니다. 지난 1933년 중국에서 헤어진 지 58년 만에, 살아계실 때 가장 철없이 굴었던 네 친구 가운데 저만 살아남아 이렇게 섰습니다."라고 인사한 이는 '조선의용대 마지막 분대장' 김학철 선생이다. 그러나 분대장인 그가 귀국 보고를 하고, 경례를 올릴 조선의용대 대장 약산의 묘소는 이 지구상 어디에도 없다.

환국 직후 밀양을 방문한 약산은 대대적인 환영을 받았다. 하지만 해방공 간에서 약산은 모멸과 좌절을 더 자주 겪었다. 나라를 잃은 후 중국으로 건 너가 가장 치열하고 가장 끈질기게 항일무장투쟁을 하면서 단 한 번도 잡히 지 않았던 약산이 해방된 조국에서 친일 경찰에게 잡힌 것이다. 정정화 여사 의 증언이다.

약산이 중부경찰서에 잡혀 들어가 왜정 때부터 악명이 높았던 노덕술로 부터 모욕적인 처우를 받았다는 말을 듣고 몹시 분개하였던 일이 기억 난다. 평생을 조국광복에 헌신했으며 의열단의 의백이었고, 민혁당의 서 기장을 거쳐 임시정부의 국무위원 겸 군무부장을 지낸 사람이 악질 왜경 출신자로부터 조사를 받고 모욕을 당했다는 소식을 듣자 세상이 아무래 도 잘못되고 있다는 것을 느끼지 않을 수가 없었다.

나는 몇 차례 박차정 여사 묘소를 찾았다. 밀양시에서 나름대로 표지판을 설치했지만 길 안내가 정확하지 않아 갈 때마다 길을 헤맸다. 그 복잡한 충 칭 대불단에서도 두 번째로 갔을 때는 단번에 약산과 박차정 여사의 거처를 찾았는데 말이다. 박차정 여사 묘소에 헌화하고 묵념하고 나면 으레 여성 동

행이 불만을 표한다. 묘비명이 왜 '약산 김원봉 장군의 처 박차정 여사의 묘'냐는 항의다. 충분히 공감하지만, 약산은 묘조차도 없음을 생각해 너그러이 이해해 주길 나는 거듭 부탁한다.

　약산의 고향 밀양은 숱한 독립운동가를 배출한 고장으로 유명하다. 독립운동 공로를 인정받아 훈장 추서를 받은 분만 60명이 넘는다. 이를 기념하기 위해 밀양시는 시내 해천가에 이름과 공적, 활동 지역, 서훈 등을 기록한 명패를 붙여 두었다. 가나다순으로 배열된 명패의 맨 마지막은 순서에 맞지 않게 약산의 것인데, 다른 것과 달리 추서된 훈장 기록은 없다. 최근에는 서훈자가 늘어 약산이 끝자리를 면하긴 했다.

　해방 직후에도, 대한민국임시정부 수립 100년이 지난 지금도 약산에 대한 대접이 어찌 이러한가. 밀양공립보통학교 재학 시절 일장기를 뒷간에 처넣

어 퇴학을 당한 건 치기라고 치자. 철들자마자 항일무장투쟁의 산실 신흥무관학교에 입학해 그 동지를 모아 의열단을 창설, 의백을 맡아 1920년대 의열투쟁을 지도했던 약산은 20대 초반에 이미 '항일투쟁의 별'이었다.

1932년 난징에 조선혁명군사정치간부학교를 세워 무장투쟁을 지도할 군사 지도자를 양성하고, 1935년 조선민족혁명당을 창당해 독립전쟁을 위한 정치적 기반을 마련했다. 1937년 중일전쟁이 발발하자 다음 해 중국 관내 최초의 조선인 전투부대 조선의용대를 창설해 일본군과 직접 교전하며 싸웠다. 그리고 해방 직전 약산은 대한민국임시정부 요인으로도 활약했다.

충칭에서의 약산의 위치를 짐작할 수 있는 전시물이 연화지 청사에 있다. 크게 프린팅한 환국 기념사진 앞에 등신대의 조형물을 세웠는데 약산은 임정 주석 백범, 임정의 정신적 지주 석오, 그리고 한국광복군 총사령 지청천

임시정부를 걷다 대한민국을 걷다

● 밀양 의열기념관과 의열기념탑

장군과 함께 서 있다. 대한민국임시정부 산하 한국광복군 부사령, 대한민국
임시정부 임시의정원 의원, 그리고 대한민국임시정부 군무부장을 약산이 역
임했기 때문이다.

　다행스럽게도 최근 밀양 김원봉 생가터에 의열기념관이 들어섰다. 길 하
나를 사이에 두고 '조선의용대의 영혼' 윤세주 열사 생가 표지석도 세워졌
다. 의열단 창단 100주년을 맞은 2019년에는 기념관 옆에 의열기념탑도 우
뚝 섰다. 기념식에 맞춰 밀양 답사를 기획했던 나는 일행의 도움으로 의열단
관련 공연을 관람하는 행운도 얻었다.

＼ '중경으로 가 요인을 모시고 연안으로 간다.'

해방-분단-전쟁으로 인한 좌우 대립은 지금도 많은 오해와 편견을 우리에게 강요한다. 일제강점기 내내 독립운동 세력이 좌우로 나뉘어 심각하게 대립했다는 주장도 그중 하나다. 하지만 각자의 노선과 방식으로 독립운동을 하던 좌우 세력이 서로 경쟁하면서 동시에 협력했다는 것도 명백한 사실史實이다. 그 대표적인 것이 1939년 5월 충칭에서 백범과 약산이 함께 발표한 '동지·동포 제군들에게 보내는 公開信공개신'이다. 다음 해에 열린 3·1운동 21주년 기념대회에선 약산이 사회를 보고, 연설은 백범이 맡았다.

충칭에서 백범과 약산으로 대표되는 좌우 세력이 갈등하고 대립했다고 짐작하는 근거는 약산이 지도하는 조선의용대 주력부대의 화북지방 진출이다. 중국국민당의 지원을 받는 임정 입장에서는 조선의용대 일부가 중국공산당 지역으로 들어간 게 부담일 수 있었다. 하지만 백범이 조선의용대의 화북 진출을 '우리의 항일 광복 활동과 국제 승인을 얻어내는 데 유리하게 작용할 것'이라고 긍정적으로 평가한 기록이 있다. 백범은 조선의용대를 배웅하며 붉은 깃발에 '民族先鋒민족선봉'이라는 네 글자를 써주기도 했다.

두 사람으로 대표되는 좌우 협력은 해방을 앞두고 어쩔 수 없이 시작된 게 아니다. 윤봉길 의사 의거로 상하이를 떠나야 했던 백범과 약산은 난징에서 해후한다. 주아이바오와 숨어 살던 난징 회청교 인근에서 백범은 약산을 자주 만나 항일투쟁 방략을 논의했다고 앞서 말했다. 중국국민당으로부터 지원을 받아 다른 방식으로 독립운동을 하던 두 분이지만 서로 경원시하지는 않았던 것이다.

1941년 좌우 진영 모두로부터 신뢰를 받는 우사 김규식과 소해 장건상이 충칭으로 오면서 본격적인 좌우합작 논의가 시작된다. 당시 중국 국민당과 공산당의 내분과 이로 인한 항일전쟁 전략에서의 문제점도 타산지석이 됐

임시정부를 걷다 대한민국을 걷다

다. 백범과 임정 중심의 한국광복진선과, 약산과 민족혁명당이 주도하는 조선민족해방전선은 단계적 합작을 추진한다.

조선민족해방전선을 구성하던 조선민족해방동맹과 조선민족전위동맹이 먼저 임정에 참여한다. 그리고 조선의용대 주력이 북상한 후 민족혁명당과 약산도 한국광복군과 임정의 일원이 된다. 1940년 창설 당시 한국광복군의 영문 표기는 'Korean Independence Army'였는데, 1942년 좌우합작 후에는 'Korean National Army'로 바꾸고 위상을 일신한 것도 좌우합작의 성과였다. 1942년 10월 제34차 의정원 회의에서 군사 통일에 이은 의회 통일, 정치 통일을 실현하고, 약산은 임시정부 국무위원이 된다. 그리고 2년 후 군무부장에 취임하기에 이른다.

충칭에서의 좌우합작은 곧 충칭과 옌안의 좌우합작 시도로 이어졌다는 점에서 의의가 크다. 1940년대 초반 중국에서 활동한 우리 독립운동 세력은 충칭의 대한민국임시정부와 한국광복군, 옌안의 조선독립동맹과 조선의용군으로 크게 양분된 상황이었다.

1941년 연안대례당延安大禮堂에서 동방반파쇼대회가 열린다. 이때 대한민국임시정부 주석 김구는 명예주석으로, 조선의용군 대장 무정은 주석단 명단에 오른다. 충칭과 옌안의 좌우합작이 시작된 것이다. 임시정부 기관지 『독립신문』에 조선의용군이 소개되면서 분위기도 무르익는다.

그러자 임정 국무위원이던 장건상이 옌안으로 파견돼 조선독립동맹 주석 백연 김두봉을 만난다. 백연은 임정의 상하이 시기 함께 활동했던 동지이다. 김두봉 또한 충칭으로 가 통일전선을 결성하자는 제안을 한다. 그러나 해방이 '너무 일찍' 왔다. 장건상의 증언이다.

'좌우합작이 이번에는 정말 성공하는구나.' 하는 꿈에 젖었는데, 그다음

● 옌안대례당

날 깨어 보니 일제가 항복했습니다. 마침내 그 악독한 일제가 패망하고 우리 민족이 독립을 얻었다고 생각하니 나도 모르게 눈물이 흐릅디다. (…) 그러나 나도 한 인간인지라 한 가지 아쉬움을 느꼈습니다. 그것은 임정과 조선독립동맹의 통일전선을 채 보지 못하고 해방을 맞이한 데서 오는 것이었습니다.

그러나 이는 단순히 아쉬움으로 끝나지 않았다. 해방 후 옌안의 조선독립 동맹 산하 조선의용군은 동북으로 진출한다. 그들은 만주 일대의 일제 잔당을 소탕하면서 중국 내전에서 중국공산당과 협력해 싸운다. 그리고 단계적으로 해방된 조국, 그러나 이미 남북으로 갈라진 조국의 북쪽으로 들어간다. 강력한 무장력을 갖춘 그들은 한국전쟁 때 북한군의 주력이 된다.

● 베이징 이육사 순국처

한편 충칭의 대한민국임시정부 산하 한국광복군은 해방 후 대한민국 국군의 핵심 전력이 된다. 망국 시기 가장 치열하게 항일투쟁에 나섰던 두 무장 세력이 해방되었으나 갈라진 조국에서 서로를 증오로 겨누기까지는 그리 오랜 시간이 걸리지 않았다.

역사의 비극이 그렇게 이어졌기에 충칭과 옌안의 합작이 이뤄지지 않은 것은 통한으로 남는다. 그래서 주목되는 인물과 증언이 있다. 이육사다. 그는 1943년 베이징으로 떠나기 전 "중경으로 가 요인을 모시고 연안으로 간다."는 말을 남긴다. 충칭과 옌안의 좌우합작을 요약한 말이다.

이육사는 어떻게 그런 계획을 세울 수 있었을까? 이육사가 조선혁명군사정치간부학교 1기 출신이라는 점에 주목할 필요가 있다. 1932년 당시 교장이던 약산은 1942년부터 충칭 임정에 참여하고 있었고, 옌안의 조선독립동맹 산하 조선의용군에는 조선혁명군사정치간부학교 동기들이 있었다.

육사의 '큰 그림'은 그러나 실현되지 못했다. 국내에 잠깐 들어왔을 때 체포돼 1944년 베이징 일본 헌병대 지하감옥에서 눈도 감지 못한 채 세상을 떠난 것이다. 해방을 1년 반 앞둔 1944년 1월 16일의 일이다.

저기부터
당신네 땅이오

↘ 해방, 하늘이 무너지고 땅이 꺼지는 일

1945년 8월 백범에게 '하늘이 무너지고 땅이 꺼지는 일'이 있었다. 해방 5일 전 일어난 이 사건은 일본의 무조건 항복이었다. 평생을 조국 독립에 헌신한 노혁명가의 발언으로서는 전연 뜻밖이다. 사연이 있으리라.

백범이 일본의 항복 소식을 들은 곳은 충칭이 아니라 시안西安이었다. 진시황의 병마용으로 유명한 그곳이다. 미군 첩보전략사무국 OSS와 협력해 국내진공작전 훈련을 받는 청년들 격려차 시안에 갔던 것이다.

백범은 대한민국임시정부와 한국광복군이 태평양전쟁에서 적극적 역할을 하기를 원했다. 그래서 백범은 중국 전구戰區 사령관인 웨드마이어Wedemeyer에게 임시정부를 제주도로 이전하자는 제안도 한다. 미군이 오키나와를 점령한 후 제주도를 해방시키면 충칭 임정을 즉시 제주도로 이전하겠다는 계획이다. 미군이 한반도에 상륙할 때 한국광복군이 최전선을 감당하겠다는 제안이었다.

태평양전쟁 말기 미군은 일본 본토 공격을 계획했는데, 협력해야 할 소련은 계속 참전을 미뤘다. 이에 미군은 대한민국임시정부와의 협의를 통해 한반도를 먼저 점령한 후 일본 본토를 공격하는 시나리오를 짰다. 특히 학도병 합류로 우수한 인력이 확보되자 이 계획은 적극적으로 추진된다. 그 결실로 1945년 8월 7일 OSS 1기생 50여 명이 훈련을 마친다.

그런데 다음 날 소련군이 참전을 선언하고, 이틀 후에는 일본이 무조건 항복 선언을 한다. 일본의 항복은 대한민국임시정부와 한국광복군이 수년 동안 준비했던, 연합군 일원으로 참전하겠다는 계획이 물거품이 됨을 의미했다. 그랬으니 어찌 백범이 낙담하지 않았겠는가.

그러나 조국을 되찾은 감격과 흥분이 없을 순 없었다. 특히 함께 항일투쟁을 했던 중국인의 축하와 격려가 있었기에 기쁨은 배가 되었다. 중국국민당을 대표해 장제스 총통과 부인 쑹메이링 여사가, 중국공산당에서는 저우언라이 등이 성대한 송별연을 열어 주었다.

11월 5일 임정 요인은 중국 정부가 제공한 비행기로 충칭을 출발한다. 그러나 그들의 목적지는 해방된 조국이 아니라 상하이였다. 해방 직후 남북으로 분단된 한반도에는 어떤 정치세력, 무장 부대의 입경도 허락되지 않았다. 미국과 소련 군정이 이미 실시되고 있었기 때문이다.

백범을 포함한 임정 요인이 착륙한 곳은 1932년 윤봉길 의사 의거가 있었던 홍구공원 인근이었다. 그리고 백범이 동포들의 환대에 감사 인사를 하기 위해 올랐던 축대는 윤봉길 의사가 폭탄을 던져 시라카와 요시노리를 비롯한 일제 침략자들을 처단했던 곳이었다. 13년 전 조국 독립을 위해 사지死地로 매헌을 보냈던 백범은 어떤 심정으로 그곳에 섰을까?

백범만큼이나 만감이 교체했을 임정 요인이 한 분 더 있다. 한 장의 사진을 보자. 일행 뒤로 충칭에서 타고 온 비행기가 보인다. 환영 나온 몇몇은 태극기를 들었다. 화면 중앙에는 화환을 목에 건 백범이 보인다. 그런데 화면 오른쪽 노인 한 분은 눈물을 훔치고 있다. 무슨 일이 있었던 걸까? 이 사진 정중앙의 빡빡머리 꼬맹이는 훗날 이런 회고를 했다.

> 이분들이 중경에서 상해로 귀환하던 날은 민족적인 대감격의 날이었다. 그 많은 인파가 몰린 가운데 손에 손을 맞잡고 우리는 마음껏 태극기를 흔들었고 (⋯) 요인에 대한 자연스러운 존경과 예우가 있었다. 그리고 상해에서 며칠을 보내시는 동안 이분들의 (⋯) 근엄하고 인자한 표정과 몸가짐을 통해서, 우리는 조국을 배우고 역사를 깨달았다. 그리고 불굴

● 남산 백범광장에 세워진 성재의 동상이다.

의 항일 독립 정신을 확인했다.

그러니까 이 사진은 1945년 11월 5일 오후, 임정 요인이 상하이에 도착해 교민들의 환영을 받는 장면이다. 그런데 이렇게 즐거운 날 왜 중절모를 쓴 노인은 처연한 걸까? 이분은 대한제국, 대한민국임시정부, 재건된 대한민국에서 모두 공직자로 헌신한 대한민국 초대 부통령 성재 이시영이다. 망국 때 전 재산을 팔아 전 가족이 망명하고 나라를 되찾는 데 전심전력하길 36년, 살아 고국으로 돌아온 이는 6형제 중 자신뿐이었기 때문이다.

백범과 성재를 비롯한 임정 요인이 해방이 되고도 3개월이 지나도록 환국

하지 못한 이유가 있다. 한반도의 38선 이남을 점령한 미군이 대한민국임시정부를 공식 정부로 인정하지 않았기 때문이다. 미군정은 임정 요인에게 개인 자격으로 환국할 것을 요구했다. 그 지리한 협상 때문에 상하이에서 또다시 20여 일을 지체했다.

이 굴욕과 곤욕의 시기 백범이 크게 노한 적이 있다. 임정이 상하이를 떠난 1932년에 비해 교민 수는 몇십 배 늘었지만 대부분 '왜놈의 앞잡이'가 되었다는 게 이유였다. 그중에서도 백범이 '민족 반역자'로 지목해 교수형에 처하라고 중국 경찰에 요청한 이가 있다. 안준생, 안중근 의사의 아들이다.

왜 민족지도자 백범은 민족의 영웅 안중근 의사의 아들이자 자신과는 사돈 간이기도 한 안준생을 죽이라고 한 걸까? 『백범일지』에 따르면 안준생은 '이등박문'의 죄를 용서하고 '남 총독'을 아버지라 불렀다 한다. '남 총독'은 1936년부터 1942까지 조선 총독을 지낸 미나미 지로南次郎다. 안준생이 죄를 용서했다는 이등박문伊藤博文은 이토 히로부미. 조선 침략의 원흉 이토를 처단한 안중근 의사 아들이 이토의 죄를 용서했다는 건 무슨 말인가?

1932년 10월 26일 현재 서울신라호텔 영빈관 자리에 박문사博文寺가 완공된다. '박문博文'이라는 이름과 '10월 26일'이라는 날짜로 짐작하겠지만 이곳은 이토伊藤 히로부미博文의 23주기에 맞춰 조선총독부가 세운 절이다. 이곳의 야트막한 언덕을 춘무산春畝山이라 했는데, 춘무春畝가 이토의 호이니, 구색은 다 갖추었다. 한 가지 덧붙이자면, 해방 후 박문사 자리에 일본 육사 졸업생이자 만주군 장교 출신의 대한민국 대통령이 글씨를 남겼다. '民族中興민족중흥'이라, 이건 필연일까, 악연일까?

1939년 '재상해 실업가 유지 조선시찰단'이 경성에 도착한다. 이때 안준생과 그의 누나 안현생, 매형 황일청도 일행 중에 있었다. 조선총독부가 상하이에 거주하는 조선인 사업가에 무슨 관심이 있었겠는가. 그런데도 그들은 총

독 미나미 지로까지 면담한다. 일정을 마친 시찰단은 상하이로 돌아갔는데 딱 한 사람, 안준생만 경성에 남는다.

1939년 10월 15일, 안준생은 박문사를 찾아 이토 영전에 향을 피운다. 『경성일보』는 '아버지의 속죄는 보국의 정성으로'라는 자극적인 제목을 뽑으며 선전에 열을 올린다. 다음 날 안준생은 이토 분키치를 만나는데, 그는 이토 히로부미의 양자다.

친일신문이 이 '호재'를 놓칠 리 없다. 『매일신보』 1939년 10월 18일 자, 「그 아버지들에 이 아들들 잇다」라는 기사는 이 만남을 취재한 것이다. 두 사람이 극적인 대면을 했고 마치 형과 동생처럼 친하게 보였으며, 30년 원한을 풀었다는 표제를 달았다. 그로부터 2년 후인 1941년 안현생과 황일청도 박문사를 방문해 이토 영전에 고개를 숙인다.

임시정부를 걷다 대한민국을 걷다

그런데 이것이 조선총독부가 기획한 '화해극'이라는 주장도 있다. 이 주장이 사실이라면 조선총독부의 저의는 무엇인가? 1937년 중일전쟁이 발발하자 일제는 조선을 병참기지화하는 동시에 부족한 병력을 조선인으로 보충하려 했다. 조선 청년을 전쟁터로 내몰기 위해 조선인의 일본인화, 일명 '황국신민화'가 필요했고, 이를 위해 창씨개명, 조선어 금지, 일어 전용, 육군지원병제도 등을 강요한다.

만약 조선의 영웅 안중근 의사와 일본의 '영웅' 이토 두 사람의 자식이 화해한다면 내선일체의 가장 좋은 '그림'이 될 것이라고 일제는 판단했으리라. 조선총독부는 『경성일보』의 보도대로 '내선일체도 여기에서 완전히 정신적·사상적으로 하나가 된 것'을 기대한 것이겠다.

이유야 어떻든, 당시 사정이야 어떠했든, 안준생이 반민족적 행위를 한 사실은 분명하다. 황일청이 해방 직후 그 지역 한인에 의해 맞아 죽었다는 사실도 이를 거듭 증명한다. 따라서 백범의 분노는 정당했다. 하지만 이런 상황이 곤혹스러웠을 사람도 있었다. 상하이 도착 사진의 백범 왼쪽은 며느리 안미생인데, 그녀는 안준생의 사촌누이이다.

의구한 산천도 반겨주는 듯했다

우여곡절 끝에 임정 요인은 상하이를 출발한다. 11월 5일 충칭을 출발한 지 18일 만이다. 그런데 이번에는 임정 요인 1진과 2진으로 나뉘어 환국할 수밖에 없었다. 환국해야 할 임정 요인은 29명인데 미군이 보낸 비행기는 15인승이었기 때문이다.

임정 요인 환국 전 국내에 들어간 이들이 있었다. 해방 다음 날인 1945년 8월 16일, 국내정진군인 '독수리팀'이 편성되었다. 그러나 시안을 출발한 미군 비행기는 가미카제 특공대가 활동하고 있다는 정보에 따라 회항할 수밖에 없었다. 이틀 후 다시 시도된 국내 정진 작전은 성공한다. 8월 18일 12시경 여의도비행장에 착륙한 것이다. 하지만 이때도 서울 진입을 허용하지 않는 일본군의 저지로 중국으로 돌아올 수밖에 없었다.

환국 과정이 순탄치 않았지만 수십 년 만에 고국으로 돌아가는 길에 감격이 없을 수 없었겠다. 상하이를 출발한 지 두 시간쯤 지난 무렵이었다. 임정 요인을 안내하던 미군이 "저기부터 당신네 땅이오." 허며 비행기 밖을 내다보라고 한다. 환국 후 백범의 비서로 활약했던 선우진 선생의 회고다.

> 대령이 그러자, 다들 눈을 떴어요. 그러고는 누가 선창한 것도 아닌데 함께 애국가를 제창하고, 순국선열에 대해 묵념을 드리는 거예요. 그때 애국가를 부르는데 저 자신도 그랬지만, 그야말로 눈물의 애국가지요, 그것이!

백범과 임정 요인 1진이 탄 비행기는 지금의 여의도공원 일대인 여의도비행장에 1945년 11월 23일 오후 4시에 착륙한다. 그리운 조국의 산과 강은 임정 요인을 반겼을지 몰라도 환영 나온 동포는 한 명도 없었다. 그래서일까? 27년 만의 환국은 『백범일지』에 짧은 한 문장으로 남았다. '의구한 산천도 나를 반겨주는 듯했다.' 당시 정경은 장준하 선생의 글을 빌려 온다.

> 미 공군 하사관 하나가 비행기의 문을 열어젖혔다. 나는 심호흡을 하며 조국의 냄새를 온몸으로 맡아 보았다. 조국의 11월의 바람은 퍽 쌀쌀했다. 멀리 산등성이가 부옇게 보였다. 그런데 비행기에서 내린 우리를 맞이한 것은 미군 병사들뿐이었다. 동포들의 반가운 모습은 어디에도 보

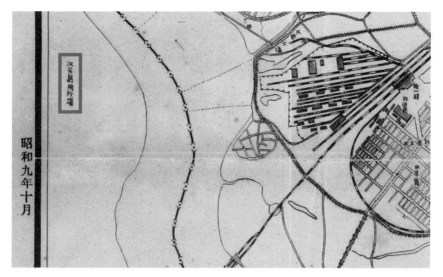

● 1934년 제작된 「경성부관내도」에 '汝矣島飛行場여의도비행장'이 보인다. 오른쪽 복잡한 구조물은 용산역龍山驛이다.

이지 않았다. 너무나 허탈해서 나는 몇 번이나 활주로를 힘주어 밟아 보았다.

하지만 환국 후 임정 요인에 대한 동포의 환영은 열렬했다. 당시 서울운동장, 지금의 DDP동대문디자인플라자에서 열린 임시정부 환영회에는 10만 명이 넘는 인파가 몰렸고 덕수궁에서는 성대한 연회가 베풀어졌다. 또한 당대 대표적 시인 정지용은 '재외 혁명 동지에게'라는 부제를 단 「그대들 돌아오시니」에서 임정 요인의 노고를 치하하고, 환국을 진심으로 환영했다.

백성과 나라가
이적夷狄에 팔리우고

● 장강은 우한시를 관통해 흐른다. 1938년 우한에서 조선의용대가 창설되었다.

국사國祠에 사신邪神이
오연傲然히 앉은 지
죽음보다 어두운
오호 삼십육년!

그대들 돌아오시니
피 흘리신 보람 찬란히 돌아오시니!

임정 요인의 환국이 이토록 험난했으니 임정 요인 가족의 귀국길은 또 얼마나 고달팠겠는가? 요인 가족들 또한 우선 상하이까지 가야 했다. 1937년 난징을 떠날 때와는 반대로 장강을 따라 내려가는 여정이었다. 중국 대륙 한

임시정부를 걷다 대한민국을 걷다

● 왼쪽은 여의도공원에 전시 중인 C47로, 임정 요인이 환국할 때 탑승했던 수송기와 같은 기종이다.

복판을 흐르는 장강, 6,300km에 이르는 절반 정도가 환국을 위한 1차 여정
이었다.

갖은 고생을 하면서도 감격스러운 일도 있었다. 해방 후 반민특위 위원장
을 맡았던 김상덕 선생의 아들 김정륙 씨는 우한에서 이상한 경험을 한다.
그곳에 살던 동포들이 임정 요인 가족을 대접하는데 어른들이 시뻘건 음식
을 보고 눈물을 흘리고 감격하더라는 것이다. "나중에 알고 보니까, 그게 바
로 한국의 김치더군요."

임정 요인 가족은 버스, 배, 기차 등을 이용해 상하이로 향했다. 1946년 1
월 16일 충칭을 출발한 일행이 상하이에 도착한 건 2월 19일이다. 한 달이 넘
는 긴 여정이었다. 한 명의 낙오 없이 충칭에서 상하이까지 임정 요인 가족

을 돌본 이는 윤기섭 선생이다. 선생의 외손자 정철승 변호사는 광복회 고문 변호사로 활동하며 외할아버지의 뜻을 이어가고 있다.

그러나 또다시 고국으로 가는 길은 끊겼다. 두 달 후에나 배가 있었기 때문이다. 대부분의 임정 요인 가족은 5월 9일 상하이를 출발해 사흘 뒤 부산항에 도착한다. 정정화 여사의 아들 김자동 선생의 증언에 따르면 난민 수송선은 가축 수송선과 별반 다를 게 없었다. 부산에서 서울로 가는 기차도 화물차였다. 그러니까 임정 요인 가족은 난민·가축·화물 취급을 받으며 해방된 조국에 돌아온 것이다.

비단 임정 요인과 가족에 대한 대접만 그런 것은 아니지만, 나라를 위해 헌신한 분에 대한 대접이 이럴 수는 없다고 할 정도로 형편없었다. 중국 망명 30년 세월이 '평탄치 않은 역경의 세월이었긴 하지만 적어도 이상이 세워져 있었고, 목표가 뚜렷했으며 희망에 차 있던 30년'인 반면, 해방 후 환국해 '부산에 첫발을 디디면서 출발한 독립 조국에서의 40여 년 세월'은 '원칙이 없다.'고 한탄한 이는 임정의 안살림꾼 정정화 여사다.

임시정부를 걷다 대한민국을 걷다

5

에필로그

첫 임정 기념관,
국립대한민국임시정부기념관

나는 2013년 상하이에서 임정 답사를 시작해 코로나 팬데믹 직전인 2020년 1월까지 중국 내 임정 유적을 찾았다. 기억하고 공유하고자 수만 장의 사진을 찍었고 적잖이 감격스러운 때도 있었다. 하지만 내 임정 답사에서 가장 극적인 순간은 서울에서다. 서대문형무소 기념관 뒤로 '국립대한민국임시정부기념관 예정지' 16자를 촬영하던 순간!

국립대한민국임시정부기념관은 선열에 대한 송구함과 도리를 다하지 못한 후손의 부끄러움을 털어 낼 것이다. 그리고 임시정부 27년의 역사와 항일투쟁사를 대한민국 역사의 큰 줄기로 자리매김하는 데 큰 역할도 하리라. '100년의 기억 위에 새로운 100년의 꿈'을 심겠다는 문재인 전 대통령의 다짐처럼 말이다.

기념관 건립에는 특별히 두 분의 노고가 있었다. 대한민국임시정부기념

사업회 김자동 회장과 대한민국임시정부기념관 건립위원회 이종찬 위원장
이다. 김자동 회장은 상하이 임정 시절 태어났기에 '대한민국임시정부 대표
격 장손'이다. 그가 태어날 때 산파역을 한 조계진 여사가 이종찬 위원장의
어머니인 것은 남다른 우연과 인연이다.

　1932년 자싱과 1945년 상하이에서 촬영된 사진에 두 분의 어린 시절이 남
아 있다. 1932년이면 임시정부가 안정된 상하이 시절을 마감하고 풍찬노숙
의 피난을 시작한 때고, 1945년은 해방을 맞은 임정이 환국을 준비하던 시기
다. '임시정부의 품 안에서' 태어나고 성장했던 두 분이 국립대한민국임시정
부기념관 건립에 앞장서는 건 역사의 필연인지도 모른다.

　　　　　　　　　　　　　　　　　　　　임시정부를 걷다 대한민국을 걷다

○ 국립대한민국
임시정부기념관

　임정기념관 건립이 진보-보수의 갈등으로 적잖은 어려움을 겪었던 건 사실이다. 그래서인지 이종찬 위원장은 여야 정치권의 합의로 국립대한민국임시정부기념관 건립이 추진된 사실에 큰 의미를 부여했다. 그리고 이는 기념관 전시의 핵심적 목표와도 연결된다.

　'이승만부터 김원봉까지'는 임정의 통합정신을 계승한 국립대한민국임시정부기념관의 모토다. 이는 몇몇 독립 영웅 중심으로 기념관을 꾸리겠다는 뜻이 아니다. '정치적 좌우의 통합뿐만 아니라, 독립운동 방략에서 외교전에서 무장투쟁까지, 세대적으로는 19세기생부터 20세기생까지, 지역적으로 황해도 평산 분도, 경남 밀양 분도 함께 남과 북 차별 없이 모두를 망라한다.'는

● 왼쪽이 김자동 회장, 오른쪽이 이종찬 위원장의 어린 시절이다.

의미다.

앞으로 국립대한민국임시정부기념관은 임정 답사 출발지로서 기능할 것이다. 그런데 기념관이 세워지기 전 임시정부 교육의 장이자 임정 정신을 증언했던 곳이 있다. 임정 요인 묘역이다. 임시정부 유적지 대부분은 중국에 남겨졌지만, 그 역사를 만든 이들 다수는 다행히 해방된 조국에 영면했다.

중국에서의 임정 답사는 허탈하고 허망한 경우가 숱하다. 표지석은커녕 흔적조차 남지 않은 곳을 주소로만 확인하는 때가 허다하다. 그에 비해 묘소는 고인의 유해가 모셔져 있고 후인들의 추모와 기억의 의지가 농축된 공간이다. 그래서 나는 묘소를 가장 밀도 높은 답사지라고 생각한다.

해방 후 가장 먼저 조성된 임정 요인 묘역은 효창공원에 있다. 효창원孝昌 園이 효창공원으로 훼철되는 과정은 일제와 반민족 세력의 무도함을 압축한

　　　　임시정부를 걷다 대한민국을 걷다

● 왼쪽부터 안중근, 이봉창, 윤봉길, 백정기 의사 묘소로 한성여고 제자들과의 답사 때다.

다. 문효 세자의 묘역은 일본군 주둔지에서 공원으로 전락했다. 그리고 독재 정권 시절 이곳은 국제 규격의 축구장을 만든다며 또 한 번 욕을 당한다.

환국 후 백범은 조국 광복에 몸 바친 의사의 가족을 찾아 위로하고 해외에 방치된 유해 봉환에 애쓴다. 노력은 결실을 맺어 이봉창, 윤봉길, 백정기 의 사 유해가 수습돼 고국으로 돌아온다. 백범은 자신이 직접 지도했던 한인애 국단 소속 이봉창과 윤봉길, 때론 협력하고 때론 경쟁했던 남화한인연맹 백 정기 의사를 삼의사 묘역에 모신다. 그러면서 세 분으로 대표되는 항일투사 의 의기가 영원히 기억되어야 함을 기단에 단단히 새겼다, 遺芳百世유방백세!

삼의사 묘역 조성 2년 후에는 이동녕, 차리석, 조성환 세 임정 요인의 유해 가 효창공원에 안장된다. 임시정부 주석을 역임한 석오 이동녕은 1940년 치

● '世세' 자 왼쪽에 戊子무자(1948년) 春日金九題춘일김구제라고 새겨져 있다.

○ 효창공원
임의사 묘역

장에서, 임시의정원 의원으로 활약했던 동암 차리석은 해방 직후 환국을 준비하다 충칭에서 돌아가셨다고 앞서 언급했다. 임정 국무위원 청사 조성환은 해방 후인 1948년에 눈을 감았다.

그리고 1년 후 백범 또한 이곳에 영면한다. 안중근 의사 유해를 모시지 못한 것을 큰 한으로 여긴 백범이 먼저 이곳에 묻힌 것이다. 두 분의 임정 주석과 두 분의 임정 요인과 두 분의 한인애국단 단원이 묻힌 효창공원은 과거의 아픔을 씻어 내고 곧 독립기념공간으로 조성된다.

해방이 분단으로, 분단이 전쟁으로 이어지던 때 임시 수도 부산에서 또 임정의 별 하나가 떨어진다. 성재 이시영. 전쟁 중이었지만 9일간의 국민장이 거행되었고 정릉에 안장되었다 1964년 수유리로 이장되었다.

임정 요인을 가장 많이 모신 곳은 국립서울현충원의 임시정부 요인 묘역

임시정부를 걷다 대한민국을 걷다

● 효창공원 임정 요인 묘역과 백범 묘소

이다. 그런데 대부분 시민은 이곳의 존재조차 모른다. 그도 그럴 것이 한국전
쟁 직후 조성된 이곳에 임정 요인 묘역이 조성된 건 비교적 최근이기 때문이
다. 중국과의 수교 직후인 1993년 상하이 송경령쑹칭링능원에 모셔졌던 백암
박은식, 예관 신규식 등 다섯 분의 유해를 이곳으로 이장하면서 임시정부 요
인 묘역이 조성된 것이다.

　나는 임정 답사에 늘 제자와 함께했다. 시작은 베이징한국국제학교 제자
와 같이했다. 한국으로 돌아온 후에는 서울 한성여고 제자와 함께 걸었다. 그
동행에 감사한다. 임정의 스승을 찾는 길에 나 또한 제자의 자세로 걸었음은
물론이다.

- '民族正氣민족정기'는 백범의 친필이다.

임시정부를 걷다 대한민국을 걷다

임시정부 답사 일정표

※ 저자 문의: doublebean@naver.com

1. 상하이-난징 일반 일정

- 저자가 가장 선호하는 대한민국임시정부 답사 일정
- 상하이와 난징 사이의 임정 유적, 자싱-하이옌-항저우-전장을 모두 포함한 것이 특징

1일차	인천-상하이 이동
	상하이 임정 루트: 서금2로-마랑로 청사-예관 거주지 답사
	'Va Vene'에서 식사하며 정정화, 백범을 기억
2일차	상하이 패헌 루트: 안공근의 집-김해산의 집-노신공원 답사
	의열단 황포탄의거 루트: 번드-공부국-일본영사관 터 답사
	'M on the bund'에서 상하이 와이탄과 푸동 야경 관람
3일차	상하이-자싱 이동 후 김구피난처, 임정 요인 피난처 답사
	자싱-하이옌 이동 후 재청별서 답사
	우전烏鎭에서 중국 전통 수향마을 체험 및 휴식
4일차	우전-항저우 이동
	항저우임정기념관 답사
	「인상서호印象西湖」 공연 관람
5일차	항저우-전장 이동 후 전장임정기념관 답사
	전장-난징 이동 후 천녕사, 부자묘 답사 및 야경 관람
	중앙반점中央飯店에서 백범의 자취를 기억하며 휴식
6일차	이제항위안소 답사
	난징대학교 답사
	난징-인천 이동

2. 상하이-난징 간략 일정

- 2020년 이육사 선생 따님 이옥비 여사를 모시고 진행한 실제 답사 일정
- 상하이와 난징 육사 관련 답사지를 포함한 것이 특징

1일차
- 인천-상하이 이동
- 상하이 임정 루트: 서금2로-마랑로 청사-예관 거주지 답사
- 'Va Vene'에서 식사하며 정정화, 백범을 기억
- 상하이 육사 루트: 정안사-만국빈의사 답사
- 'M on the bund'에서 상하이 와이탄과 푸동 야경 관람

2일차
- 노신공원, 노신기념관 답사
- 상하이-난징 이동 후 천닝사 답사
- 중앙반점中央飯店에서 백범의 자취를 기억하며 휴식

3일차
- 푸커우역 답사, 배로 장강 건너기
- 호가화원, 현무호 답사
- 부자묘에서 난징 야경 관람

4일차
- 이제항위안소 답사
- 난징대학교 답사
- 난징-인천 이동

3. 광저우-류저우-구이린 일정

- 2019년 김학철 선생 아드님 김해양 선생을 모시고 진행한 실제 답사 일정
- 조선의용대 유적지이자 중국의 유명 관광지인 구이린을 포함한 것이 특징

1일차
- 인천-광저우 이동
- 황포군관학교, 중조인민혈의정 답사
- 도도거淘淘居에서 140년 역사의 광저우 딤섬 맛보기

2일차
- 동산백원, 한국독립당 광주지부 터 답사
- 중산대학, 동교장 터 답사
- 광저우-류저우 이동

3일차
- 낙군사, 유후공원 답사
- 류저우-구이린 이동
- 「인상 유삼저印象 刘三姐」 관람

4일차
- 칠성공원, 조선의용대 관련 장소 답사
- 요산堯山에서 구이린의 절경 감상
- 구이린-인천 이동(직항 노선 확인 필요)

4. 중국 내 임정 전체 유적 답사 일정

- 대한민국임시정부 수립 100주년 특집 YTN 다큐멘터리 촬영 때의 주요 일정
- 상하이부터 충칭까지의 임정 수립 및 이동 공간 전체를 모두 포함한 것이 특징

1일차	인천-상하이 이동
	상하이 임정 루트: 서금2로-예관 거주지-영경방-마랑로 청사 답사
2일차	상하이 패헌 루트: 안공근의 집-김해산의 집-노신공원 답사
	의열단 황포탄의거 루트: 번드-공부국-일본영사관 터 답사
3일차	상하이-자싱 이동 후 김구피난처, 임정 요인 피난처 답사
	자싱-하이엔 이동 후 재청별서 답사
	하이엔-항저우 이동
4일차	항저우임정기념관 답사
	항저우-전장 이동 후 전장임정기념관 답사
	전장-난징 이동 후 회청교, 부자묘 답사
5일차	천녕사, 이제항위안소 답사
	난징-창사 이동
6일차	남목청 답사
	상아의원 터 답사
7일차	창사-광저우 이동
	동산백원, 한국독립당 광주지부 터 답사
	황포군관학교, 중산대학교 답사
8일차	중조인민혈의정, 주강 답사
	광저우-구이양 이동
9일차	구이양-72굽이 이동 후 72굽이 답사
	72굽이-치장 이동 후 이동녕 거주지 답사
	치장-충칭 이동
10일차	토교 한인촌 터 답사
	김원봉 거주지, 충칭대공습진열관 답사
11일차	충칭 연화지 청사, 한국광복군총사령부 기념관 답사
	이소심 여사 인터뷰
12일차	충칭-인천 이동

저자 추천 도서

지사들의 목소리를
직접 듣고 싶다면

김구 저, 『백범일지』, 돌베개

김구 저, 엄항섭 편, 『도왜실기』, 범우사

김신 저, 『조국의 하늘을 날다』, 돌베개

김원봉 구술, 박태원 저, 『약산과 의열단』, 깊은샘

김자동 저, 『임시정부의 품 안에서』, 푸른역사

김자동 저, 『영원한 임시정부 소년』, 푸른역사

김준엽 저, 『長征-나의 光復軍 時節 上』, 나남

신규식 저, 김동환 역, 『한국혼』, 범우사

양우조, 최선화 공저, 『제시의 일기』, 우리나비

장준하 저, 『돌베개』, 돌베개

정정화 저, 『장강일기』, 학민사

당시의 상황을
자세히 알고 싶다면

김성동 저, 『현대사 아리랑』, 녹색평론사

박은식 저, 『한국독립운동지혈사』, 소명출판

박은식 저, 김태웅 역해, 『한국통사』, 아카넷

샤녠성夏輦生 저, 강영매 역, 『선월』, 범우사

이정식 저, 『여운형』, 서울대학교출판부

이정식 면담, 김학준 편집 해설, 김용호 수정 증보, 『혁명가들의 항일 회상』, 민음사

정경모 저, 『찢겨진 산하』, 한겨레출판

임정에 대한 역사적 평가를
공부하고 싶다면

강영심 저, 『신규식』, 역사공간

김희곤 외 저, 『제대로 본 대한민국 임시정부』, 지식산업사

신주백 저, 『이시영』, 역사공간

이봉원, 저, 『대한민국 임시정부 바로 알기』, 정인출판사

한시준 저, 『대한민국 임시정부의 지도자들』, 역사공간

한시준 외 저, 『대한민국 임시정부 이전지 현황』, 범우사

임시정부를 걷다
대한민국을 걷다

초판 1쇄 인쇄 2022년 09월 25일
초판 2쇄 발행 2023년 04월 11일

지은이 | 김태빈
펴낸이 | 이선애
디자인 | 채민지
교정 | 김동욱

발행처 | 도서출판 레드우드
출판신고 | 2014년 07월 10일(제25100-2019-000033호)
주소 | 서울시 구로구 항동로 72, 하버라인 402동 901호
전화 | 070-8804-1030   팩스 | 0504-493-4078
이메일 | redwoods88@naver.com
블로그 | blog.naver.com/redwoods88

값은 뒤표지에 있습니다.
ISBN 979-11-87705-32-1 (03910)